10人10色の虹のマーチ

高齢者グループリビング［COCO湘南台］

西條節子

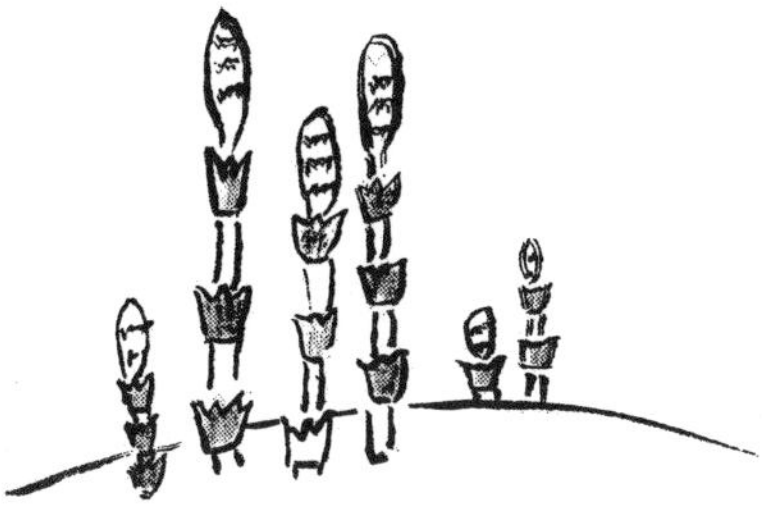

生活思想社

もくじ

[プロローグ] 尊厳ある第三の人生を……6

第1部 奏でよう、元気印の暮らし・元気印の住宅

[第1章] バリアフリー高齢者住宅研究会の旗揚げ……14
[第2章] グループリビングの生活構想……33
[第3章] 元気印の住宅設計——私ならば、こんな家を……47
[第4章] 生活を支えるサポートシステムをつくる……71
[第5章] 費用の算出と用地探し……84
[第6章] 入居者決定、そしてついに完成!……105

第2部　10人10色の虹のマーチ

［第1章］ＣＯＣＯ湘南台の生活ルール……132
［第2章］毎日が発見！　実験！――ＣＯＣＯ湘南台の春夏秋冬……145

第3部　七つのポイントのハーモニー
――どうしてグループリビングが作れたか

［第1章］問い合わせの電話が物語る高齢者の状況……182
［第2章］なぜ私たちがグループリビングを作れたか……189
【付録】ＣＯＣＯ湘南台、紙上内覧会……207
1　見学会は実験結果の発信◆207　2　紙上内覧会◆208
3　ＣＯＣＯ湘南台Ｑ＆Ａ◆216

■あとがきにかえて……224

【巻末資料】

ＣＯＣＯ湘南設立趣意書◆249
「ＣＯＣＯ湘南」の会員◆247
建物等賃貸借予約契約書（モデル）◆246
ＣＯＣＯ湘南台入居契約書◆240
「ＣＯＣＯ湘南台」入居のしおり◆238
ＣＯＣＯ湘南台の食事サービス契約の考え方◆237
ＣＯＣＯ湘南台のメンテナンス契約の考え方◆236
ＣＯＣＯ湘南台計画実施内容◆234
ＣＯＣＯ湘南台平面図◆233
ＣＯＣＯ湘南台面積表◆231
どんな備品を揃えたか◆230
ＣＯＣＯ湘南台共益費会計報告◆229
暮らしのネットワーク図◆228

カバー・本文イラスト＊植田黎子
写真（建物内外）提供＊最上真理子（ＣＯＣＯ湘南台設計者）
装　幀＊渡辺美知子

＊本書の登場人物名は一部仮名です。

「プロローグ」尊厳ある第三の人生を

ある老人病院の救出劇

一九八四年、知らない男性から電話をもらった。「どこのどなたか」と尋ねると、S病院からのSOSであった。知人のWさんの紹介。

とにかく会ってほしいという。ことの次第は「自殺未遂の女性の話を聞いてやってほしい」と深刻な高齢者の声であった。

前からこの病院には悪い風評があったので、さっそくにわかオンブズマンとなった私は風のように馳せ参じた。ここは木造平屋。すきま風が入る一室に二十名の男女同室。病室とは名のみの収容所であった。

何回か男性を訪ねているうち、不思議な場面にも出会った。まず院長が週一回くるかこないかの状態と聞く。それに、昼食の時間に、患者がほかの患者に配膳をしたり、買い物をして手数料を取っているのである。聞いたら二十年来の入院患者であるとか。もちろん、私もほかの病院に入院した経験があり、退院間近く、元気を回復してきたときには動けない患者のお役に立つことはたくさんあった。

それとは異質なボス患者と子分患者の関係を病院は平然と眺めて、むしろやらせているのだった。

散髪や洗濯もそのボス患者や職員がやり、一回三百円を支払う仕組み。寝たきりで水分も充分にもらえない、おむつ交換は日に二回、ボス患者の支配下で口と金に汚い職員にののしられて無表情に天井の梁を見つめている高齢者。

この老人病院の状態が十年来問題にされては消えていたことも知っていたが、真正面から問われなかったのは、密室性もあろうが、家族と縁遠い人が多かったのだった。

そこにメスを入れて一年半。当時の保健所の女性所長さんの強力な支援も得て、とうとう閉鎖されることとなり、入院患者はほかのホームや病院へと移動してもらった。

後日、移られたホームや病院へと足を運んで見舞い、様子を聞いた。顔色もよく、輝く瞳に笑顔が見えて安心した。

閉鎖のおかげで職員は失業した。この告発に協力してくれた良心的職員のつぎの就職にも協力を惜しまなかった。

しかし、後日「あんたが余計なことをしてくれたから失業してしまった。あんな楽なつとめはもうないよ」と非難されたこともあった。人間がここまで堕ちるものなのかと、救いようのない苛立つ日々であった。

このとき私は現役の藤沢市議会議員で五十代。まだ自分自身の老後のことを考える年齢ではなかったが、一人のやさしい患者さんが、みんなに隠れて「早く飲みな」とそっとお茶を飲ませる光景とこの事件は、脳裏から離れることはなかった。あのときは本当に「こんな人生があっていいものか」と怒りの涙を流しながらの救出だった。

日本の高齢者と海外の高齢者

神奈川に暮らして半世紀以上。この間、政治・経済はめまぐるしく、日本中の街々の生活様式も駆け足で変化していったが、とりわけ取り残されていくのは障害(児)者の通学や仕事、暮らしの場であった。

私自身、二十歳のときに病気がもとで右足関節の機能を失い障害者の仲間に入ってからは、仲間のあらゆる障害(児)者のことが気になっていた。四十二歳で藤沢市議会議員になってから引退するまでの二十四年間、そして現在にいたるまでのべ三十年以上、「どのような障害があろうとも、当たり前に生涯を生きる」目標に向かって、障害(児)者と家族の皆さんとともに活動する道を歩いている。

ちょうど議員になった頃から、福祉先進諸国の情報が少しずつ届き始め、百聞は一見にしかずと海外に学習に行くようになった。

訪ねた二十カ国のうち十一カ国では、主に障害者と高齢者が当たり前にごく普通に生きて地域社会と交流していく具体的な生活と出逢い、学びとることができた。

四十代の私には、ドイツ、フランス、イタリアなどの活力に満ちあふれる高齢者と、日本の高齢者とがあまりに違う、髪の色や眼の色ではない、どこかが違う、とまだそのときは漠然とだったが、日本と海外の高齢者のシルエットから若い人を導くやさしいまなざしと雰囲気の違いが心に焼き付いた。

しっかりと自分自身の意見をもって行動している人々と、周囲に気を遣って暮らす弱々しい日本の高齢者。この差は何なのか、ずっと心に引っかかっていて離れなかった。

尊厳ある第三の人生にしたい

それから十年たって先の老人病院事件が起こったとき、日本の高齢者が置かれている現実と、私が十年前から心に引っかかっていて離れなかった海外の高齢者と日本の高齢者の違いが一気につながっていくような気がした。

まず、日本の高齢者はおとなしすぎる。税金だけ納めればやってくれると、国や自治体や他の施設に頼りすぎていたのではなかろうか。でも納めた税金の受け取りは紙切れにしかならないことがわかり、老後のためにと貯蓄に励んでいる。もちろん福祉先進国と日本とでは社会保障の異なりはあるとしても、第三の人生に喜びがないことだけは事実のようだ。

スウェーデンのマンション風ホームで暮らすカリンさんは八十二歳。彼女の言葉によると「年代ごとにふさわしい生き方を選んだの。娘の時代、子育ての時代、社会活動の時代、それぞれ精一杯過ごしたわ。娘たちもそのように生きてほしい」。

しかし、それはスウェーデンでのこと。自分の生きる場を選択できる環境が整っているから。と日本を見回してみると、老後を選択して生活するなんてできる社会ではない。

そして、何ごとにも耐えていくことを美徳とした女性の解放がまず必要なのではないかとも思うようになった。

どんなに紆余曲折してきた人生でも、子育てが終わり、別離もある。もうお役目ごめんとなったら、誰も褒美はくれない。自分の余生は自由にやりたいし、息子や娘に干渉されたくない。いつまでも子どもに干渉していたいうちは自立するのは無理であろう。

第三の人生に自由を得たら、どのように使って楽しもうか、友達と交流やボランティア、無料の趣味の会や学習会だってある。少しでも元気印に生きるための投資をして、自分の意思で積極的に参加することが第三の人生を豊かにしていくのだろう。

いままでさまざまな人から相談を受けて、生活の安住の地がない人と一緒に悩んだり、夫と離別して一年くらい寂しくて泣き暮らす人の話を聞いたりした。

でも、私が四十代や五十代のときは「明日はわが身なんだが、どうにでもなるさ」としか考えなかった。その後さんざん活動し、海外へ旅もした。当時は、老後はあまり費用がかからないホームにたどり着いて、元気なうちは演劇グループでもつくって「ばば座」でもやるか、とか、楽天的な考えを持っていた。

そんな私も六十歳を過ぎ、それじゃあ私はどういう「老後」の暮らしを求めているのかを考え始めた。さしあたって、なけなしの資金と年金と頭脳とを精一杯さらけ出した、わがままな暮らしに着目した。

六十五歳、もう待つわけにはいかないし、まわりや後ろを見ると高齢者予備軍がいっぱい。そこで決断した。

誰かしてくれと待つのはやめた！

考えてばかりいるより、学習会で高齢者自らが生涯学習をして、社会貢献もしながらはつらつと生きよう。自分が望む暮らしをつくればいいんだ！　もっと元気印に楽しく生きられるものを自分たちの手で開発しよう！　元気印にいばって、わがままに生きよう、自由にはばたこう！自由時間がいっぱい使えるではないか。

そう考えたらワクワクしてきた。今までだって、たくさんの仲間たちと作業所を作ったり、グループホームや通所施設を作ってきたではないか。よし、今度も自分一人ではとても手に負える話ではないので、みんなに声をかけてみよう！

バリアフリー高齢者グループリビングは、そんな私の元気印のかけ声からはじまったのである。

第1部

奏でよう
元気印の暮らし・元気印の住宅

［第１章］　バリアフリー高齢者住宅研究会の旗揚げ

１　十人で暮らすってどう？

共感してくれた友人の退職

「第三の人生を元気印で生きられる暮らし方を自分たちの手で開発したい。だからいっしょに考えて」と相談したのは、私の三十年来の友人井之川平等さん。

井之川さんは、約三十年前、牛乳一本を十円にして子どもたちにいっぱい飲ませ、健康に育てたいと願い、それを自ら開拓し、現在のかながわ生協をつくりあげた人。その経営にかけては超一流の、どちらかというと学者的経営者で私の自慢の友人だ。

「じつは俺も考えていたんだ。定年になったら、高齢者のサロン的たまり場や、もっている能力を社会貢献してもらう場所や仕組みをつくるボランティア活動をしていこうと考えていたところだ」と私と同じ意見で共感しあったのである。

その彼にある日「まだ退職しないの？」と電話をかけて催促したら、「来年の三月にそのつもりでいるよ」と答えが返ってきて、期が満ちてきたのを感じ取ったのであった。

夢を共有して実現に向けて

人生いままでに我慢をした人もいるし、孤独に不安を抱える人もいる。みんな集まって〝老春〟を謳歌したら愉快だと考え、それには友人たちといっしょに自分たちの納得できる住まいをつくる以外にはないという気持ちになっていた。

――高齢者十人くらいで集まって暮らすってどう？　十人十色でおもしろそうだし……。

文学元少女の集いでは不安である。力強い助っ人井之川さんとともに、さらにジャンルの異なる先輩・後輩や、高齢者の相談や支援をしている現場の人たちなど、さまざまな立場で活躍している二人の知人たちにこのような話をしてまわった。

意外や意外、話していく人々、みなさんがこの老後の暮らしに人一倍の関心や夢を抱いていた。「やや、おもしろそうですな」「将来の夢なんだ、これが大事な自立と共生の道だよ」「これいける！地域の街づくりをいま始めたばかりだから、是非そのなかにも……」「これで安心して働けるわ」などなど、計画前から完成したかのような答えが返ってきた。

〝元気印の生き方、元気印の住宅〟への夢が二人を中心にふくらんできた。

新しいスタイルのグループ生活を自分たちでつくり、運営していきたい。企業経営の営利主義ではなく、生活を束縛されずに「自立と共生」の旗を掲げ、元気なうちにここに集まろう。知恵やささやかな力で支え合っていこう。

二人で、この人に相談したらどうか、あの人にも知恵をもらいたいと名前が次々にあがり、四十代男女の人選から始まった。

介護の現場で働いている人、ヘルパーの経験者、政治・経済に詳しい人、設計家、大学の先生、発明家、この藤沢という地で生まれ、地元の連合町内会などのお世話で地域にくわしい人、とてつもない発想でこのことに興味を持ってくれた人、両親の介護の人間関係で苦労した人、そして元気印の住宅を求める人など総勢十六名。

オブザーバーとして弁護士さん、税理士さん、ジャーナリストなどもこのことに興味を持ち、協力を約束してくれた。

元気印の「バリアフリー高齢者住宅研究会」は、さまざまな分野の人々が揃いぶみをして最高のスタッフ十六名の男女で出発した。ないのは土地とお金だけとなったが、いま思えば、誰もそのことを気にしている人もいない不思議な研究会は、目的に向かって信じて歩き始めた。

バラエティ、経験豊かな研究会員

藤沢市遠藤にある知的障害者のグループホーム「かわせみハイム」のリビングで研究会は出発した。一九九六年五月である。

八〇％出席の主な人々の横顔をスケッチしてみよう。

阿部紀子さん　学校の講師。養護学校などの経験が豊かで、障害(児)者に精通していると、友人の紹介。人の意見をいつも静かに聞いていて、ご自分の意見をはっきり述べてくれる。見るからにさわやかな行動派。

大津治子さん　途中から参加されたが、ご自分も、自分たち夫妻の所有物を高齢者の皆さんの憩いの場にできないだろうか、そして元気印にやっていくための学習にも参加したいと、以後皆勤賞の研究会員。誠実さとお人好しの大津さんを図太い私はふりまわしているところがある、反省！

小林一夫さん　地域連合会役員。地域のことならなんでもござれのたくましい人。地域のまちづくりの委員長も務め、とうとう大きな〝ふれあい農園組合〟を発展させ農園とログハウスを街の人々と作り、非営利で素人農業の助っ人をはたしている。世間の良識を教えられる。小林さんの存在が、悠久の流れを作ってくれる。

正田美津子さん　元藤沢市のヘルパーさん。明るくて張り切り屋さんで、情にもろい。いま自宅で高齢者のつどいをはじめ、喜ばれている。高齢者のことなら何でも聞いて。

高橋郁子さん　知的障害者グループホームの職員。これからできる住宅第一号へ生活者として入居するために、現実的な意見を出してくれる。グループホームの男女五人の生活者と彼女は家族をつくり、アットホームな関係を築いている。彼女の大きなスケールのなかでのびのびと生活している。五人は主役になって、自立し赤裸々に自分を表現し、まとまっていく。彼らはいつの日からか、彼女をチェリーと呼んでいる。「どうしてチェリーなの?」「私もわからない」という。

星野素子さん　藤沢湘南台病院の在宅介護支援センター長。車いすでの活動である。車で飛び歩いてくれる。仕事の合間は楽団のバイオリン奏者、もう一面は元パラリンピックのバスケットボール選手。バリアフリーのバリアの改善方法などについての細かなチェック、介護支援のノウハウを、彼女からみんなが吸収している。

真野喜美子さん　現在市議会議員。本職は編集者とフランス仕込みの料理家といったキャリアウーマン。外国生活で学んだ価値観が、日本の高齢者の生き方を変えてくれそう。

最上真理子さん　若い建築家。学習熱と積極性と弾力性がある。つまりみんなの意見をていねいに掘り下げて、どんな小さな希望も見逃さず工夫していく。こんなに忍耐強く、いっしょに家を描いていくタイプの建築家に出会ったのは女性建築家で二人目である。私といっしょに外国のグループホームまで同伴してくれた。

森てるみさん　リハビリ専門療法士。アメリカ大陸横断の旅をしたり、モロッコのハッサン王の治療などでモロッコ滞在一年余りの経験もある愉快な人。

米村洋一さん　大学の先生。大学の研究所などの主任研究員や地域交流センター代表で、とくに都市づくり、環境のオーソリティー。シンクタンク的存在。

ここに井之川さんと私が加わる。

みんなおもしろいキャリアと実績を積み上げた人たちで、四十代の若々しい人々や七十代と年齢もバラエティに富んでいることは大切なことだ。

研究会員一人一人が異なった分野のキャリアをきわめていること。また、ほとんどの会員が海外生活の体験をしているのも、やさしい街づくりの基地としての住宅と暮らしに生きてくるだろう。海外経験が豊かだということは、日本の文化・伝統のよさをしっかり認識したうえで、さらに海外の価値観とドッキングさせていくことができる。

日本人のもっているおいしい味を引き出していくこと、また一方つまらない形式的なくせを取り除くこともできるから好都合である。

初顔合わせの人もあるが、一つのテーマに集合した仲間は、初日からきどりもてらいもなく、元気印を旗頭にテーマへ向かって歩みだした。

会員のみなさんは高齢化時代の生き方への関心が思いのほか大きく、するどい意見と楽しい火花を咲かせながらイケル！　と自信を持った日でもあった。

2　こんなやり方で進めよう

話しあいはていねいに

研究会は楽しく開放的・民主的に運ばれていく。ごく自然の成り行き。ただ、午後二時から四時の間は集中している。二時間がまたたくまに終わる。このことは大切な意味をもっている。遅れてきて、遅くまで続けるのは能のない会議だとみんなが思っている。

検討すべき課題と情報交換については、その都度ていねいに綿密に、小さい情報でももらさず話しあった。予定の目標をこなし、次のテーマを確認して終わり、議論のなかで新しい課題が見つかったら、次回の会までにみんなの宿題として、検討するということにしてきた。

大事なことは、自分がどんな暮らし方をしたいのか、そうしたらどんな共同住宅を求めていくか。最終コースまで元気印に生きて、納得していけるためのすべてについて、経験や夢を語りあい、知識を提供しあっていくことにした。

確認しあいながらていねいに検討し、一人の意見も貴重品扱い、大事にしていったので、テーマ外の考えが次々と出されるから、かえっておもしろかった。

こんな研究会のお知らせを作った。

★元気印高齢者住宅研究会で決まったこと
・日　時　一九九六年五月×日（×）午後二時～四時
・場　所　遠藤××番地　かわせみハイム
・会　費　三百円（一回出席ごとに）。その他、お茶菓子は自宅にある余りなり、いただいたりしたものを少々お持ち寄りください。
・テーマ　元気印の高齢者住宅研究　とてつもない意見や企画が必要です。突拍子もない考え、そして自分の今後はこんなまちに、こんな家に住んでこんなに楽しく暮らしたい、明日の自分のためにやってください。

このように発信しては、いつもびっくりするような意見を期待した。

まず、どんなことでもやってみる……という前ぶれですすめていこうと確認しあった。

こうして始まった研究会は、はじめ二カ月一回だったがすぐに一カ月一回の速度になっていき、COCO湘南台ができるまで、研究会は三十回を数えることになる。

定位置の研究会場は出席率を高める

出席率は八〇%、まずは合格点である。

会の魅力ももちろんだが、一人の有能な学者の指導や、この指とまれのカリスマではないのもよいし、これだけのおもしろい人たちと交流ができるだけでも魅力だといえる。

会場についても意外に大事なことだ。

会議場所に慣れることが重要。会議場所に慣れると、出席率を高める効果があるからだ。そのためには個人の家ではなく第三者の場にして、妙な遠慮はしない、気どらない雰囲気をつくること。それに使用についての申込みがめんどうではないこと、会場使用料金がかからないことがあげられる。

これらの条件を満たせる場所として、知的障害者グループホームの一つ「かわせみハイム」の一階デイルームを借りることになった。

生活者は朝から夕方までは各職場へ出勤中である。個人のプライベートルームは二階である。たまたま「かわせみ」の職員が研究会員であったことも、このことを有利にしている。職員を通して「かわせみハイム」の利用者の了解を得られた。

会合は、生活者の留守中の二時から四時に設定した。四時には隣の作業所から帰宅する人もいる。使用料は無料だが、いままでバザーなどの協力をしていた研究会員も多く、持ち寄ったお菓子のなかから、生活者のおやつを先に取り置くことで、わだかまりもなく決定した。

会費は一回出席ごとに三百円を置く。古い袋に集めて、切手、資料のコピー、当日の飲み物代など、使った人がメモしておく。こんなところでいちいち神経質になっていたら、研究会はそこでつまずいてしまう。

なぜなら、こんな安い会費で研究会が運営できるはずはないが、コピー、通信費、お茶くらいは基礎的な会費から出すという意味に解釈すればいいと思う。

テーマへ向かえ、ゴーゴーゴーである。

知識のデパート

十六名のキャリアと元気人間の個性が集まってみると、自分が両親を介護した人、職業人として介護にかかわっている人などで、高齢化社会とそのサポートの壁にぶつかり、大きなこぶをいくつも抱えている現実の話がリアルに出される。

高齢者に対する国・県・市の情報や、医療・保健・福祉、ならびに衣食住などあらゆる問題について。また高齢者のテーマからもう一歩、もう一つ幅を広げて社会を見渡してみようと、世界から見た日本と日本人論、社会情勢の分析、政治・経済の動向、行政、これからの推測まで、とてつもない意見や質問が飛び出してくる。それを研究会員の誰かがきちんと答えてくれ、お互い高齢化社会の認識は深くなった。

こうして議論百出、愉快な話がテーブルに放出される。知識のデパートであった。

あるときは、私たちがめざす元気印に生きるために、暮らすために、どうしたらいいのかを話しあっていた。

自分の人生をもっと大切にしなければいけない。今の高齢者を見ていると、とくに高年の女性は姑・夫・子どもに、また周囲にも我慢して生きているように見える。病院でもそうだ。施設でもそうだ。「すみません、申し訳ありません」と詫びなくていいところで、なぜ詫びるのか？　と若手から見ると心許なく見えるらしい。

もっとどうどうと生きていってほしい、と話しあいは延々とつづく。

私たちがめざす老後は、いつまでも寝たきりにはならない・させない生活を続けられること。それには自分が持っている能力・残存能力を大事に使っていくこと。そのためには、人と人のふれあいのなかで自立して、共生していくという目標が必要ではないだろうか。多少刺激しあうことは、呆け防止になるし……などと、明日のわが身を考えて発言しているようだった。

暮らし方を追い求める10テーマの設定

私たちが求める暮らし方を追究するため、研究会では次のようなテーマを設定してひたすら道をふみならした。

①高齢化社会と現代、そしてこれから十年の動向調査と活動

②どこに、どのような暮らしを求めていくか
③暮らしの情報・介護保険とサポートの現状調査と活動
④私たちが元気に暮らす「自立と共生」とは——暮らし方の研究・提案
⑤住宅——住まいのタイプ（設計）
⑥暮らし方と費用
⑦行政とのかかわりを強くもち、実践や提案をしていく
⑧保健医療機関・福祉関係とのネットワーク
⑨運営母体のＮＰＯ法人化とサポート支援システムの構築
⑩ボランティア活動

そして、研究会が集めた暮らしの情報、先駆的に実行しているところ、社会福祉法人のケア付き住宅、企業のホームも学べるものは実際に見てこよう、聞いてこようということになった。

各地の介護保険研究会や講演会にも積極的に出席して発言していくことにした。テーブルの上には、介護保険制度についての説明書、パンフ、新聞の切り抜き、討論集、政府が議会に提案した議案書など、山々と積まれた。しかし、当初の資料は反故紙になっていった。次々に改正され、改悪され、わけがわからなく混線してきたからである。そこで、生活のなかへの介護保険の取り込み方については、今後流れを見ながら市民が知恵をだせばいいと、一時研究は据え置きとなったのである。

3　議論百出の研究会

高齢者の置かれている状況――現状分析

介護保険と社会福祉法人が経営する特別養護老人ホーム、養護老人ホーム、ケア付き住宅、軽費老人ホームのこれからの課題や受け入れ態勢、特定老人病院の社会的入院の現状などにも話が進む。

会員によると、企業が経営する老人ホームの宣伝文に「海が見える、三食・温泉付き、介護・終身型」と書いてある、入居金五千万円の高級ホームが倒産して迷子になる高齢者がいるとのこと。

「へえー！　五千万円なんか宝くじでも当たらなければおよびもつかないわ」の第一声がみんなの気持ちであり、ふところ具合でもある。

よく調べた会員が言うには、当時は一人五千万円で二〇〇人入居すると百億になる。

三千坪～五千坪の山林を安く買い求めて、二〇〇人分の建設設備で四〇億～五〇億円かかる。宣伝費を考えないとして、残りのお金を銀行に入れておけば金利の良いときで五〇億×利率五％としたら年二億五千万円の利子がつく。それに入居者が月々払う生活費二五万円や介護費が加算されて、その利子も収益となるのではないか。ところが、現在は金利は無きがごとき時代に入った。

企業がお世話する入居者の平均年齢も高くなり、介護の必要が高くなれば人件費も嵩む、赤字経営で保留預金の取り崩しが始まるし、と話している。

「そうじゃないわよ。国家公務員の天下り先になるから役員報酬や退職金も相当なんじゃない？」

とか「報道によれば株式に投資してしまったのよ」等々の話も情報として飛び交う。

挙げ句の果て、「高齢者を食い物にするっていうのは許せない」「いや金持ちはダマされるのよ」と話はつきないが、現状認識はやっぱりしておかねばということでこの話にケリをつけた。

研究会員にケアマネジャー誕生

いよいよ介護保険制度導入が決まった。

どうなるの？　どうすれば？　ととまどう市民と行政を批判だけしてもいられない。

四十歳から介護保険料を自分で支払う以外、高齢者も年金から天引きで保険料をもっていかれるのである。「社会のみんなで背負いあっていく」という合い言葉は調子がいい。「介護保険の環境ができるまで、三年はかかるわね」と私も模様眺めだけしているわけにもいかない。

介護保険の内容改善や悪質介護事業者のチェックからはじまり、自分たちも積極的に「介護の社会化」を利用していく心構えをもつことが重要になってくる。

たとえば、家庭のなかに二十四時間、他人が入って介護支援をすることに慣れること。デイサービスなどへと、外部へ参加してみること。そして、ケアプランに対して遠慮なく、自分がしてほしいことを求めていき、またサービスがおかしかったら断って、他の機関を選択することを心得なければならない。

介護を受ける当事者だけでなく、家族も代弁者になって、居心地よい介護を受けられるように、まわりも支援していきたいものである。

ケアプランを立てるために、国家試験で認定されたケアマネジャーの活躍に期待しつつ、十六人の研究会員のうち、二人が第一回の国家試験にパスした。準備万端整え、元気印の生活をサポートする。

私たちの考える地域貢献・地域交流のあり方

本日のテーマは「地域貢献」である。

私たちが考える、この生活基地から何ができるか。グループリビングでは、将来はわいわいがやがや集まって、畑、あるいは陶芸、いろいろな能力を発揮して、元気に生きていく一つの場にしよう、という話になった。

介護保険制度が進められてもデイサービスは不足するし、わざわざバスで市内を巡回して集められ送られていくサービス機関よりも、近くて少人数で、ゆったりとデイサービスに参加できたらいい。街々に参加できるそんな小さな場があれば、送迎の費用（車と人件費）や交通公害も少なくなる。またそこでサロンコンサートを開いて福祉と文化の花を咲かせようよ。

「学習会をしたらどう？　大学の先生でなくても、歴史とアイデアがいっぱいの人もいるわ。旅の話、死にそうだった山登り、お話の提供者を募って懇話会的お茶の行事とか」

健康体操、バザー、バーベキューなどなど盛りたくさんの企画案が勇ましく、ポンポン飛び出してくる。〝言うはやすく行なうは難し〟とことわざにあるけれど、研究会のメンバーはどちらかと言えば、めいめい走り出す傾向があるので、「徐々にね」と少々抑え気味。

まず、グループリビングに住んだ人が一年の生活経験をして、のちに地域交流を考えようということになって、アイデアいっぱいのにぎやかな地域交流計画をのせた船出であった。

年をとるって？

「年をとるってどうしていやなの？」と若い会員が話し出す。

いやとかどうかという問題ではない。何人《なにびと》と言えども平等なのは年をとること。生まれてから若い時代、中年・熟年・高年時代、老年と言えば最終コースである。

高齢者そのものが不幸なのではなくて、その高齢者をとりまく社会が整っていないから不幸なのである。

六十歳定年後の二十数年の経済的な保障がないことは大きい。そのうえ、今後は年金受給年齢が六十五歳になる。その五年間ははじめの失業保険と退職金で埋めていかなければならない。

今までの女性は専業主婦が多かったこともあり、収入は夫の年金と自分の国民年金だけ。しかし、これはオーソドックスなサラリーマン家庭の話である。

それに日本の家賃は高すぎないか。所得や身体の状況に応じて選択していける、心地よい住居はない。

まずこのあたりを考えはじめると「年をとると……」の話になるのだと思う。

次は健康問題である。しかしこれについては、予防できることと、突然襲われることとがある。また、本人の日頃の健康管理もあるし……。

そこで、〝元気印に生きる〟を合い言葉でスタートしたわけ。

それに、日本はまだ差別意識が根強い国ではないかと思う。障害者のパワーが一般の人の認識を改めさせてきているけれど、「弱き者」とか「社会的弱者」とかの言葉で片付けて「強い者」になりたい人から、「弱い者」がはじき出されているのではないか。「だいたい気に入らないのは〝呆け老人〟とか〝寝たきり老人〟とか決めてかかる言葉はひどいじゃない」とか。

「働かざる者食うべからず」。深く考えるとこの深層心理があるのでは。

そんな話をしていると、「そんなこと言うのはいったい誰よ」「まあ怒りなさんな」「そのような社会なのよ」「私は弱者とは違うと優越感を持つのでは」、などなどと話は差別から発展して、偏差値の話、経済優先、企業への奉仕の仕組みとリストラの話となり、最後は年寄りいじめ、頑固な高齢者に手を焼いている話、いじわる婆さんの話、何人も愛人をつくった父親のことなど、老人模様が続出してきた。

研究会員の赤裸々な声を全部総括してみると、価値観の置き換えが必要であり、やっぱり自分づくりの準備に積極的に参加することではないか。

私たちが、将来を見越して第三の人生の土壌をつくっていくこと、また、高齢者予備軍と高齢者自身も高年期の人生を真剣に考えてどんな生き方をするか計画しておけば、安心してはばたくことができる。そうしたら、定年で挫折感をもたないですむ。定年が楽しみになる方向への舵取りが必要ではないか、と話は大きくなってしまったけれど、さてまずは地域から行動していこう。

どこで死ぬの？――終末の話

「ね、いったい最後はどうなるの？」「今から言ってはなんだけど、どこで死ぬの？」大事なことなのである。「終末」という言葉で表現してみたい。

「終末」は、私たちが開発しようとしている住宅で迎えるのでなければ意味がない。「自分の家で死にたい」とよく人は言う。小さくても共同であっても、私たちが考える住宅は「自分の家」なのである。生活形態が「生涯完結型」というと、施設か社会的入院のときに使われることが多いが、自宅で死ぬということも、「生涯完結型」ではないだろうか。

特養ホームには生活がある。四季折々や節目には生活感豊かな行事が開催される。それは「介護」だからである。

特定老人病院がたくさんあるのは医療だから。介護者がいない、または介護できない状況のとき、「介護」にかわって病院に入院してもらう必要があるからで、これを通常「社会的入院」という。

ニュージーランドにも療養型病床はあるが、ごくわずかなベッド数で、どうしても入院が必要な人は少ない。

そこでは、暖かい日には車いすで午後の陽をうけて、ナースやヘルパーさん、ボランティアが三十分から一時間、ゆっくりと公園を散歩する姿を見かける。一対一の対話時間、散歩は日課なのである。

日本の老人病院は、洗面―おむつ交換―朝食―投薬―昼食―おむつ交換―訪問者―おやつ―夕食―おむつ交換―消灯といった、機械的に決められたサイクル。またナースコールは手が届かないベッドのうえに縛り付けてある、といったこともあり、これでは形を変えた死の宣告であり、ベッドで死を待つ監獄に等しい。

あるとき、四十代の森さんが、知人の葬儀からの帰りに研究会に出席した。亡くなった方は知人の親で、八十歳だという。話が続いて「八十歳と聞くと、ご苦労さまでした、ゆっくりお休みといえるわね」と言った。

そうか、みんなにご苦労さまでした、と言われる年は八十代からなのかもしれない。「私、七十よ。あと十年か」と私が話すと、一瞬しらけてしまい、あわてて「節子さんなら百までも生きていいのよ」「百歳まででいいのかなぁ」と言うと、みんな大笑い。「うしろを見たら、あなた方が消えていた、なんていうことになりかねないけどさ」と、いじわるばあさんは言いますぞ。

ずっと長生きしてグループリビングでの「みんな元気印の生活」がどんなものか、私たちが実験台になってずっと記録しておきたい気もするし……。天にお任せってことにしよう。

死は厳粛に近づくわけで、それは誰にでも平等にあること。恐れないで一日一日を楽しく過ごしたいし、何か小さなお役に立っていきたいと思う。死を恐れて、じっと二十年も静かに祈っているなんてことは馬鹿馬鹿しい。

まあ、年から言えば、私がいちばん早いとして、感謝のサインを出すようにしよう。そして、尊厳死協会の情報や、水葬の会の情報も集めておこう。また、献体の人もあるだろうし、アイバンクに角膜をあげる人もあるだろう。

研究会はまだ高齢者の暮らしづくりの入口なのに、一足飛びに「死」に話が飛んじゃったけれど、若いうちにこのような話をしておくと、年をとってからたじろがないですむ。つまり準備万端、備えあれば憂いなしということでこの話はおもしろかった。

若い人たちと話し込んでいると、自分の年なんか忘れてしまう。こんな若い、元気な人々が力を貸してくれる、本音でつきあってくれるなんて幸せなこと、感謝したい気持ちでもあった。

またあるときは、「人間のいのちがいつまでも限りなく続くとしたらどうするの？」という話がでて、みんないっせいに「いや〜だ」と笑った。

終わりがあるから目的をもって生活していこうとするのであって、二百年、三百年といのちが続いたら、化石みたいになるっていうこと？

「いつ死ぬかわからないと、うちのおばあちゃんみたいに年中死ぬ死ぬって宣言めいたことをいうのは不愉快ね。堂々とやりたいわね」

「それは私を大事にしてネっていう裏返しなのよ」

みんなの老後は私の姿、みんなの最期の時間は私の姿でもある。

終末の話が出てきたとき、体験こそしていないながら、家族・親戚・知人の看取りやお見舞いで感じていることがいっぱい。

だからこの研究会に真剣なのであって、生きることもさることながら、死について語ることは自然であった。

［第２章］　グループリビングの生活構想

1　なぜリビングなのか？

私たちは、研究会の最初から第三の人生を豊かに生きるために高齢者の暮らし方に着目してきた。それは第三の人生を身体の強い弱いに関係なく、それぞれの年代にふさわしく、尊厳をもって元気に生きて、自分で納得して生涯を終わりたいと考えたからだ。

今日、日本で進めてきた高齢者福祉は「ホーム」づくり。箱物であって、その箱に住むだけ、あるいは箱のなかでお世話されるという発想である。

そうではなく、私たちは「箱物に住めればいい」というかたちから一歩も二歩も前進して、気のあう高年男女が同じ屋根の下で生活し、みんなで個人とグループの生活プランを立てながら食をともにし、話しあったり、勉強したり、趣味をもったり、地域に出ていったり、と意義のある元気な時間を送っていこう、いっしょに助けあって「元気な暮らし」を続けましょう！　ということだ。

私たちは「暮らし」に重点をおきたいのである。特養ホームや痴呆症高齢者のグループホームのように、介護を受けることが前提になっている暮らしとは異なるのだ。そこからの発想がグループでの暮らし、「グループリビング」であった。

からだと心の「元気」は両方が健康でないとうまく成り立たない。日本の社会は概して心を置き去りにしやすいが、グループリビングなら、みんなでルールをつくりながら、個人の自由もあり、義務と責任もあり、また自分の生活リズムを大切にできる。そして地域の保健医療などのサポートシステムが生活者を支援してくれるので、からだも心も元気で生活できる。

元気印にグループ（仲間）のリビング（暮らし）をすすめていこう。その目標に向かっていく合い言葉が「自立と共生」なのである。

2 「自立と共生」の五つのキーワード

「自立と共生」の元気印のアドバルーンは大きく掲げた。

年齢にふさわしく、元気印に生きようとの合い言葉。にぎやかに暮らそう、最後まで自分の力をふりしぼって、小さな社会貢献もしていこう、今まで培ったもの、残った能力を後輩へも残していこう。

六十代後半になると、どんな元気な人でも疲れを早く感じたりするのは当然だ。老いも受け入れ方次第で楽しくも、わびしくもその人次第というもの。

また、故障は当然、有名企業の精巧な機械だって手入れをしなければ錆びもくるし、部品も交換して使っている。定期的にメンテナンス会社が検査をしているのだ。

高血圧症の体質、動脈硬化で心臓病、また糖尿病、いまよくいわれている骨粗鬆症などあげればきりがないほど、生活からきたものや、軽い体質的持病を抱えることが多い。

保健的医療、つまり早期診断・早期発見、そして予防をしっかり受けていれば一般的な普通の生活をゆっくり続けられると思う。

そうしながら「一病息災人間」も元気に生き、個人の体力にそった生活リズムをつくること、それを「元気印のリズム生活」と言おうか。

研究会が出発して六カ月を過ぎた十一月。

そんなことを話しあっているうちに、私たちの基本理念のアウトラインがたくさん持ち出されて、五つのキーワードが見えてきた。

①自立と共生の高齢者住宅……ふれあう新しいコミュニティ
②共同運営と分担…………共同出資と運営は自分たちで
③地域と生きる……………地域のコミュニティとして役立つ
④健康に暮らす……………地域の保健医療機関とのネットワーク
⑤元気印の発信基地………新しい暮らしの発信、実験を進める

そして一年目。

どこにどのように暮らしたいかを考えると、住み慣れた顔見知りの街がいちばん肌触りもやさしくていいことには違いない。孤独にならず、呆けずに、楽しく、尊厳を傷つけられず、自分で選択して

生きていく。しかし、私たちが望む暮らし方は周囲にはなかった。ならば、当初の考えどおり「自分たちで開発して、つくっていこう」と方向性がはっきりと見えてきたのである。

3　どんな生活者をイメージするか

生活者の経済状態

私たち研究会が開発するリビング（暮らし）を求めている生活者とは、経済的にはいったいどこのレベルをさしているのか。

それは、自分の年金または遺族年金で生活する層（年額一五〇万円～二四〇万円くらい）に必要なのである。この層は、資産は少ない、あるいはないが、年金が平均月二十万円、またはつれあいに先に逝かれて遺族年金月十五万～十七万円の層である。また、独身で、働いた年数や職種にもよるけれど月額十五万～二十万円の年金の階層の人たち。私はこの層を「社会保障のボーダーライン」と勝手に呼んでいる。

わずかでも市・県民税を納めているこの層は、社会福祉の制度を利用するときは、「県・市民税非課税か？」と行政の窓口で聞かれ、公的社会支援がままならないことが多い。低所得でもない、しかしもちろん高所得でもない。

この、年金が年額一五〇万円くらいから二四〇万円くらいと思われる人たちの老後の暮らしは不安なのである。

たとえば、有料老人ホームに入ろうとしても、二千万円から五千万円の入居金は逆さになってもないし、また土地など資産を売って入居したとしても、二十万～三十万円の月額生活費は払えない。

私も含めたこの「ボーダーライン層」は、三〇〇万～四〇〇万円の入居金なら何とかかき集めて用意できそうだ。これだけの入居金が揃えば、人によってはもし年金が月々十二万円としても、今自分の住んでいる持ち家を貸して収入を確保し、月額生活費に充てる方法もある。

しかし、持ち家があればいいが、いま私たちの住宅を求めて期待している層は、年金暮らし借家住まいの人が多い。そこで〝家無き子〟でもあることを認識のなかにインプットした。

それで、自分の年金か遺族年金受給者あたりが対象になると考えて、その層をいちおう「ボーダーライン層」としてみた。

私たち研究会が開発するリビング（暮らし）の運営は非営利活動であるので、収益を求める必要はない。だから、月額生活費は利潤を上乗せして設定する必要はもちろんない。グループリビングの運営の収支は生活者の利益に反映され、生活者自身のプライバシー以外は、収支決算として総会などで公開され、それを証明していくことも大切なことである。

生活の質を落とさず、かつまた生活費を高くしないようぎりぎりの努力をして、コーディネーター（一三六ページ）とよく相談しながら、可能な限りボーダーライン層の受け入れを幅広く設定していくことが大切だと思う。

生活者の経済状態は自分の年金か遺族年金受給者で、まずは一人当たりの入居金は三〇〇万円と考えることにした。

ミックス世代で暮らそう

第二は年齢の幅である。明治生まれよし、大正・昭和と三世代でいこう。

研究会では元気印に高齢を生きるといっても、八十代後半の高齢者が利用すると、介護保険制度が軌道にのらないうちには「自立と共生」の生活が困難ではないかという意見も多少出た。しかし、全員六十代後半で元気よくスタートしても、みんなが二十年後に八十代になってしまう。高齢者の年代はさまざまなのがよい。若い人も必要。順を考えれば「老いと介護と死」を自分のこととしてとらえることができるのでは。

また、保育でも縦割り保育はうまくいく、と言うけれど、年代の異なりで会話や行動などを通して互いの人生の深みが味わえるのではないか。

「年代が違えば介護保険の利用・保健医療機関とのネットワーク、自分が求めるターミナルケアを実地でいけるのでは。練習台のような軽い気持ちでいきましょう」と、死という現実的な話でもまったく軽やかに、当然の話として出されてくることが、かえって問題の真髄をついているのかもしれない。

4　生活者十人にこだわったわけ

コミュニティ（人間関係）がとれる人数

設計にあたって、生活者は八人か十人か、十二人かの議論が出た。コミュニティのとり方である。十名にこだわったのは、人間関係が第一で、第二は生活環境の余裕、第三は運営する経済の余裕、この三つが大切だと思ったから。

私の人間関係の経験からも、共同作業、共同生活の単位は最高十人という持論を持っている。十人十色といわれるから、十色の考えや知恵が集まる。十人の場合、男女の比率が四分六でも、心理的にまとまっていける。

お酒からワインに至っても甘口・辛口・中間銘柄があるように、いろいろな面相を持っている。明るい性格、暗い性格とか、そんなに単純ではない。

もっと細かく見れば、暢気でおっとり型、直情的でもさっぱりしていたり、神経質で引っ込み思案、愉快な人、くそ真面目で冗談に怒り出す人、計算高い人、気前の良い人、きれい好きから見ればだらしのない人等々あげればきりがなく、その人の片面だけ見ることはできない。

日本人は今まで落ち着いて穏やかな人を好んできたし、同一方向へいこうとする傾向があるけれど、それはうっかりすると不平等の関係をつくりだしてしまうのではないだろうか。

私は一人一人の異なる面が集まってバランスをとることがよいと常々考えて活動してきた。そこで、顔をつき合わせたとき、個性が単一的にならなければグループが維持できないような小人数でも好ましくない。

自分と適度に相性の良い関係がもてる人も十人だったら見つかり、お互いにさらりとしながら共生を積み上げていけるだろう。個性を受け入れあって、コミュニティを保っていくと言ったほうがわかりやすいと思う。

孤立しない関係

もっと突き詰めれば、十人いればひとりで孤立することはない。

人間関係は、おもしろい図をつくっていく。とくにグループができると必ずボスめいたしきり屋ができて、自分に共感してくれる人を選んで特定したがることがある。これはどこの世界でも同じ。

どんな高邁な人の集まりでも黄信号はつく。三人くらいがつるむと強い集団になることもある。

そんなことを考えに入れて、孤立する人を出さないことを工夫しておく必要がある。

仲良しグループ三人組ができたら、それが二組、三組とあってもよい。反面、このグループを共生の強いきずなに持ち込むこともできる。

人間の、自分も気づかない、密かにもっている性《さが》を否定しないで考えたコミュニティなのである。

一方、民間の企業が進めている有料老人ホームのように、空き寮を借りて改造し、三十人、四十人と入居者がいる場合、お互いのコミュニケーションがどうとれるのかむずかしい問題であり、各地域に十人から十二人くらいのグループリビングがあるのが望ましい。

生活環境の余裕

生活環境は心を広くも狭くもする。

家庭でも、楽しく食べる食堂と、くつろいでしゃべる居間が日本流では一般的なのだが、現在は、個人の生活サイクルが異なっていて、みんなで揃って食事をする風景などは少ない。しかしグループリビングでは基本的な生活体系はつくっておくことがいいと研究会で話しあった。

食堂で一杯食前酒でゆっくりしたあと食事をとると、話もはずむし、食べながらのコミュニケーションは大切である。

アトリエ（居間）は、おしゃべりやお茶を飲んだりしながらのコミュニティ。相談や仕事をしながらのコミュニティ。その他なんでもできる場としてみたらいいと考えた。

そうすると、一人分約十五坪（四九・五平方メートル）とすると、共用部分のリビングやコミュニティ部分の面積に余裕ができて、気持ちのうえでもさわやかな流れを保てるし、欠かせない地域交流の場を保つことができる。

用地もお金もないのに、敷地三百坪（九九〇平方メートル）・建物延べ床面積一五〇坪（四九五平方メートル）なんて考えた理由は精神的なゆとりができる住居を考えたからでもある。

経済的な余裕

三番目は経済的な計算であり、十名の生活の維持と食事づくりや家政の委託費などの問題である。余裕とまではいかないが、委託費はギリギリの線かもしれない。十人ならなんとか、一人一人の経済的負担の分担も比較的軽くてすむ。とくに共用部分をゆったりと作れば、それだけランニングコストも高くなるけれど、十人なら分担しやすい人数でもある。

研究会では、朝食は自由だが昼食と夕食は調理を委託しようと考えた。女性が食事づくりから解放されるのが憧れの一つでもあったし、質の高い給食づくりをしてくれる人を選べば栄養価のバランスも確保できる。

委託を受けるコープかながわキュービック側から考えると、十人分の調理と配膳のコストを計算すると、食材費プラス人件費の割からすれば合う仕事ではなさそうだ。しかし手なれれば十人で年額食材費三六〇万円、人件費一二〇万円、一ホーム四八〇万円の市場となる。これから先にこのようなグループリビングが増えることを考えれば、労力投資の例として今のうちに経験しておく大事な仕事と考えて、現在の採算は度外視したようだ。

5　五つのキーワードの具体的内容

元気印の五つのキーワードは、ひとつひとつ話しあいをへて深められていった。

①自立と共生の高齢者住宅

街に生きて、その街に暮らしたいとみんな思う。友人たちがいるところが一番よいという希望がある。

年をとってから住み慣れた街をはなれ、息子や娘が住んでいる街でいっしょに暮らしても、そこは自分の友達はいない街であり、高齢者はそのようなことを敬遠している。やっぱり住み慣れた街に、ふれあうコミュニティをつくっていくことを求めている。

グループリビングは街の人々と新しいふれあいをつくりながら生活し、十人十色の個性で支えあって、元気に個性的に心も家もバリアフリーの暮らしをする。

②共同運営と分担

運営は生活者主体。企業のオーナーにだまされたり、管理人に規則づくめにされたりせず、生活者同士でミーティングをしながら、共同運営していこう。呆ける暇はみつからない。

生活者主体で二つの運営参加がある。

一つめは、まず入居するときの共同出資。

二つめは、生活上の運営は生活者十人が主体的に行なうこと。

「これこれしなければいけない」とか、「～してはいけない」とかの注意書きの多い日本の施設や運営方法はいただけない。裏返して「このように使ったらいいいんじゃないか」と説明されたら、もっとおもしろく使う方法・暮らす方法がみんなのなかから湧き出してくるに違いない。

③地域と共に生きる

個人のプライバシーを保護しあうことは当然だが、地域に開放的な運営であるとすれば、生活者自らが地域と交流していくことが大切。一日も早く地域住民となり、グループリビングの生活者が地域のコミュニティとしても役立つよう考えて実行しようと思う。

十人が裸で地域への貢献をするのではなく、グループリビングの運営母体を設置し、生活者と地域とを結ぶ交流の支援グループとして存在していこうと考えた。

グループリビングがどこに建っても、地域には長い間培った地域の文化や風土があり、その雰囲気を大切にしながら溶け込めば、地域のみなさんも受け入れてくださるに違いないと話しあった。

④健康に生きる

元気印の高齢者住宅と保健医療・福祉の両輪は欠かすことができない。

そこでどこの地に第一号が建設されても、住むことだけではなく、建物に住む人の介護も医療も、社会的な資源である近隣の良心的医療機関、老人保健法の老人保健施設、訪問看護ステーション、ヘルパーステーション、配食センターなどに理解・協力を求めて、綿密にネットワークをしていくことをすすめていこうと考えた。

高齢化すれば、どこかに故障が起きるのは自然だと思う。自分のリズムをつくり、テンポをゆるやかに保ちつつ、人との交わりや活動のなかでこそ、元気印の旗を掲げることができる。

⑤元気印の発信基地

表1　考えられる生活形態

●一般生活

	生活内容	備　　考
生活住宅	住宅・設備	家屋の維持管理、器具の補修など
	環境・整備	屋外の整備、維持
地域生活	地域交流	自治会、ボランティア交流など
家事契約	活動グループとの契約	昼・夕食づくり、後片づけ、オープンスペース(屋内外)の掃除、安全点検
生活充実	生きがい対策	趣味などのほか、文化、スポーツの情報開示
	相　談	生活者の相談できる運営
	緊急対応	各種ネットワーク(医療機関など)
	保健サービス	健康保持･健診･マッサージ･食事内容に選択幅を設けるなど、各種内容を追求していきます
運営委員会		地域やボランティア、学識経験者、医療関係者、利用者などのなかから選びます
ＣＯＣＯ湘南ボランティア会員	登録制	ボランティア

●要介護生活になったときの場合（上記に加えて）

	生活内容	備　　考
日常生活	特別契約と介護保険	洗濯・入浴介助・歩行介助のほか排泄など。衣類の着脱。その他
	病　気	ネットワークしている病院やホームドクター、訪問看護を利用
	回　復	老健法の施設→リハビリ→ＣＯＣＯ湘南台に帰宅
	ショートステイ	老人施設やホームの一時入所などを利用します
	デイサービス	利用します

●地域参加交流事業

◆入浴施設を地域の高齢者に開放（ただしヘルパー同伴）
◆アトリエ開放とボランティアの交流
◆ゲストルームに宿泊(実費負担)。友人･家族･ボランティアなどと交流できます
◆地域に暮らす高齢者や障害者への給食サービスの拠点として、社会参加をします

バリアフリー高齢者住宅研究会発行『「自立と共生」バリアフリー高齢者グループリビング暮らしの実験【ＣＯＣＯ湘南台】』より。

楽しい暮らしのモデル事業となり得るように、私たちの生活実験と情報をみなさんに提供していくこと。

この提案書は実現可能なものである。私たちが開発しようとするグループリビングが藤沢市には三十七戸から三十八戸必要であろうと試算してみたが（一八八ページ）、そのためにも、またこれからグループリビングを作ろうとする人のためにも、実践の情報や課題を発信し続ける拠点となろうと話しあった。

あとは、実現の可能性をさぐり、実施計画のなかで微調整を行なうこととした。

テーマの追求をこれら五つのキーワードにまとめているころに、基本的な住まいの平面図も固まってきた。

［第３章］　元気印の住宅設計――私ならば、こんな家を

１　土地は三〇〇坪

こだわりは捨てない、その理由

土地は三〇〇坪（九九〇平方メートル）、というイメージは最初からあった。

お金もなく用地もないのに、土地三〇〇坪のこだわりだけは捨てないのは図々しいと思われても仕方がない。なぜこだわるのか。

第一に、高齢者の元気の住宅生活をすすめたいとする研究会員のポリシーは、高齢者が少しでもゆったり生活できること。それを実現させるために最低限度許容できる住宅の広さを頭においていた。高齢者を子育ても仕事も終わって、用のない、役に立たぬ存在と位置づけてはいないこと。経済成長に役立たぬ者、力の弱き者をすみにおこうとする日本の人間観は、研究会員は誰ももっていないのである。

また、少々交際が下手な日本人にはゆったりとしたコミュニケーションの場が必要と考えたから。日本の歴史の流れのなかで働き、その文化と風土で生きてきた人々が、個室の楽しみとリビングでの

コミュニティの楽しみと併用させて、豊かで開放的な空気の流れをつくりたい。ましてや年齢が重なると個性的になって、つき合いが下手になってくるし、そこそこ顔を合わせ声をかけあう生活体系が大切。

それで、第一に一人分十五坪（四九・五平方メートル）で十人で住む住居は延べ床面積一五〇坪はほしいと考えた。二階建てにしても建築面積は半分になるわけではない。テラスや外回りの余裕が必要になるので建物を建てる用地だけでも一五〇坪くらいは必要になる。

二番目に広い庭の効用。肉体的健康と心の健康を保つためには、太陽と緑と土と風は医薬に勝る良薬である。土は自然の生命を育み、草や小鳥、木々を通した風が緑や四季を運んでくれる。また歩いている足の底からいのちが返ってくる。庭で自由に花壇や畑を作ったり、バーベキューコーナーなどと、太陽や風をうけながら活動することによって肉体の退化を防ぐこと。近所のコンクリートの道路を散歩するのではだめだと考えた。それで庭を一〇〇坪（三三〇平方メートル）とした。

三番めに、高齢者住宅は開放的で入りやすく、支援しやすい姿が大切だと考えた。それには車を置くスペースも必要だ。生活者の家族や家政支援やヘルパーさん、訪問看護婦さんなどが訪問しやすい家にするには、車が五、六台置けるスペースは必要で、生活者にも車を使う人はいるだろう。そこで駐車場のスペースを五〇坪（一六五平方メートル）確保することにした。

居室と簡単な設備、ちょっとした庭があればいいという考え方ならば一五〇坪から二〇〇坪程度で十人が暮らせる家はできる。しかし、以上のようなことを考えると、建物と庭と駐車場スペースを合わせて土地は三〇〇坪必要、ということになった。

私には高齢者がひとかたまりでどこかの地に暮らすために、近隣の環境を壊したくない、との思いがはじめから頭と心のなかに存在して離れなかった。

先進諸国のグループリビングは、大きな公園のなかにあるのが多く、またそんなに広大な公園がないまでも、スウェーデンで訪ねたハウスは、メーラレン湖に面したなだらかな丘の上に、それぞれみんなが求める自然の美しい味を高齢者に提供している。

日本の高齢者にも、その気持ちを伝えたいと思ったのである。

入居者の負担金と広さの兼ね合い

建て主の費用などの許容限度もあるだろうし、居住する人の経済的な負担の限度もある。そのぎりぎりの線まで広げてみたものが、一人分約十五坪・延べ床面積一五〇坪。それが実現可能の限界となった。

前に述べたように、研究会では入居者のボーターライン層を自分の年金または遺族年金生活の人たちとし、一人の入居負担金は三〇〇万円としていたので、これで積算が始まった。

この予算で計算してみると、個室は十二帖、食堂も小さくして、建物は延べ床面積一三〇坪以下に納めなければならない。

だからといって建物を狭くすれば安くあがるわけではない。広くてもやや小さくしても、風呂・トイレ・下水道・ガスなどの配管工事は十人分必要で、小さくしても多少の配管の長さの違いだけで、費用はたいしてかわらない。

そのような話が出ると、「じゃあ、一人五〇〇万円くらいの負担が必要か?」となってくる。「やめて!　私たちが住もうと言い出した仲間は五〇〇万なんて、そうやすやす出せる身分ではないのよ。出来上がったらおいていかれるなんてとんでもないわ」と、私は悲鳴をあげた。

しかし現実はきびしい。

建設地が決まってからは、個人負担金はだいたい三七〇〇万円に落ち着いたのであった。この数字でも、他の余裕はぜーんぜんなし。入居者との交流会の会場費からお茶の葉にいたるまで、研究会員の持ち出しである。

それでも文句もでなかったのは、自分たちが開発したグループリビングへの誇りであったのだ。

2　個室の広さと設備を決める

自分だったらどんな家に住みたいか

どんなところに、どんな家に、どのように暮らすのか。「私だったらこうしたい、の気持ちでやりましょう」ということで始まった。研究者は、自分が暮らす身だったらどう考えるか、年代をこえて叡知を働かせることとした。

子どものときは別としても、成人になるにつれて、家族は一人一室求めるようになる。住まいと言えば、イコール私の部屋はどこに?　広さは?　となる。独立したい、自由を得たいなどの理由があるわけで、研究会でも、まず個室は?　から話がはじまった。

主体的暮らしの場なので、当然自分の城ができてからまわりの部屋や廊下幅や共用部分などの外を眺めていくのが一般的。個室からはじまって、共用部分、食堂、廊下の幅、天井の高さ、一階と二階部分の利用方法……、となる。

家の造りを考えるうえで、行動力学的、というと生意気な表現だが、日常生活をしていて必然的に適度に動かざるをえないような作り方が必要ではないか。たとえば食堂を二階にすれば、一階の生活者は階段または人によってはエレベーターで食堂に行くことになる。お風呂が一階にあれば、二階の生活者はいやがうえにも、入浴や外出などに一階に降りてくる。一階と二階の生活者がいきあうことができる。体を動かしていく適当な活動量を自然な生活の流れのなかにつくっておくことが大切である。

反対に、部屋から出たら食堂・風呂・玄関も全部一つのフロアに固まっていて、障子を開けて三歩歩くだけでよい部屋、という行動パターンでは、健康的ではないと思う。

六十代、七十代、八十代以上の場面を想定しながら、自然に動く無理のない〝自立と共生〟をつくり出そうとした。

個室の広さ・食堂のあり方・風呂場・アトリエ・図書室的なところ・ゲストルーム・トランクルーム・エレベーター・洗濯室・もの干し・広い庭・サンルーム・テラス……。自由とふれあい、などなどが出始めた。

個室は寝室か居室か

とりあえず個室の位置づけから話しあおうということになった。

まず、個室は寝室にするのか居室にするのか、という議論が出される。

結果は個室的位置づけとしたが、いろいろな話しあいがされた。

ドイツのホームは一人一部屋で十二室となっていて、ベッドとトイレ付きの寝室と位置づけられている。起きたら洗面所で美しく調髪して、デイルームで日中を過ごす。デイルームは広くて心地よいスペースで、床暖房も入る不自由のない設備。遊具、本もあるし、コーヒーコーナーなどなどもある。六人ずつのリビングで食事をしてから、またデイルームや外出で思い思いに過ごす。ドイツ人は友人訪問、公園の散歩など、仲良しの高齢者が高齢者の車いすを押して、隣のホームを訪問したり、美容院に行って洗髪・調髪・マニキュアなどにいつも通う。買い物に出たり、人々とのふれあいが上手。日頃から議論と社交や遊び上手な環境で育っているので、明日は、明日はと、次々と日程を計画し、一日一日を楽しみ暮らしていく。

そのドイツ式を日本にあてはめることは無理があるので、せめてこれからの生活をシンプルにして、個室でも自分の生活の一部があって、リビングやアトリエ、庭、地域交流で楽しい生活サイクルができるよう追求してみたい。

されば最低十二帖は必要という意見から出発した。

「お年寄りは六帖間」説はどこから？

実は最初、四十代の研究会員から、個室は六帖一間でよいのではないか、という意見が出された。四十代という若さが言わせたものだと思う。

「六帖一間なんて狭すぎる！」と入居する私は抵抗した。「それなら十帖」と話は進んだが、十二帖に落ち着くまで、いろいろな話をした。

どこから十二帖説になったのかと考えてみると、次のことが根底にあった。

よく聞く話から、家族と同居の高齢者の居室の標準は、一般的に六帖間にトイレがあれば親孝行だと思っている節がある。それに対しての研究会員の抵抗は当然である。五十年以上を懸命に働いてきたと自負している。

いまの六十代、七十代の人の青春は学童疎開もあり、戦中・戦後の生活苦、戦争で焼け出されたり、若者の戦死を見つめ、苦しみと悲しみを乗り越えて生きてきた意識が強い。耐えろと言われれば我慢してしまう明治・大正初期の女性とは違う。六帖一間の生活でよいなどという評価は、私たちを甘く見ている。

また歳をとったら六帖間に住むという定説めいた〝まぼろしの六帖間〟の根拠を探ってみると、たとえば、民間が運営している養護老人ホームについては、四人一室であり、最近は質の改善を求められ一人一室の方向にいたっている。

軽費老人ホームは、すでに六帖間にトイレ付きの設計で、現在運営されている。用地費や建設費のコストから考えられたものだと思う。だから国で示す基準には適合しているのだが、それ以上のスペースを考えて作っているところは少ない。

高額利用料の有料ホームは別。

一方、六帖間くらいなら適度に家具も持ち込めるし、掃除も管理も簡単とは、息子である男性側の発想のようにも思う。

それでいいのだろうか。

「しかたがない」という高齢者側のゆずりの精神も加担しているのだとも思う。

そんなことをみんなで話しあった。

結論！　一人一室十五帖へと進む。

シャワーは必要か？

個室の設備は十五帖（二五平方メートル）にトイレ、シャワー、洗面、ミニキッチン、クローゼットと話が煮詰まってきた。

トイレ、洗面、シャワーをユニットにして作っている会社がある。そこへ設計者の最上さんと研究会員の井之川さんが訪問して、ユニットのモデルはいったいどうか、使い勝手はどうかなどを検討した。

一方、各施設などのシャワーの使用状況を調べると、高齢者施設の個室ではシャワーの使用頻度は低いとの情報をえた。

規格品を見てきた二人からの報告を受けると、「トイレ、シャワー、洗面のセットはうまく出来ているが、三つの機能だけでスペースをとられるのはどうかと思う」とのこと。個室のシャワーはあまり使われてはいないという情報と併せて考えると、この三つの機能は若者向きの部屋にはよいように思われるなどなど、議論になった。

私たちが考えている暮らしは大施設ではないので、大小浴場とそこにシャワーがあれば、むしろいつでもそこに出ていって利用できるし、浴室とトイレを別にし、床暖房付きのゆったりトイレ、大きな洗面台と鏡べったりの造りのほうが、おしゃれがゆっくりできるから望ましい。

入居しようとする会員からも「小さいところで、こちょこちょシャワーを使うよりも、大小浴場でシャーっとあたりに気遣いなくやったほうがよいし、もし要介護になっても、この狭いシャワー室では機能しないわね」という。

シャワーはやめよう。

かくして、十五帖の部屋にトイレ・洗面、ミニキッチン、クローゼットとなった。

トイレ・洗面、ミニキッチン、クローゼットのスペースをとっても、使える広さは六帖二間分という結論になった。

建物の費用という縦の線と、入居者の費用負担の限度という横の線と、いつもバランスを計算にいれながら考えると、この広さが限界かもしれない。

日本の歴史的な風土も取り入れながら、人間同士の交流を大切にしていこう、と考えていくうちに、けっきょく十五帖内に小冷蔵庫付きのミニキッチン、トイレ・洗面、クローゼット、廊下側の扉は木製鍵付き、庭に面したところは掃きだし窓付きのバルコニーでどうかと落ち着いてきた。

ここが研究会員がいちばん議論し、大事にしたところである。

少しでも快適な個室が必要であるが、建物の大きさには限度があるので実現可能かどうか気をもんだ。しかし最上さんから共用部分であるアトリエ、リビングなどと個室のバランスがとれそうだし、廊下の幅の広さも保てそうだとの回答でホッと一息した。

個室のプライバシーと夫妻用

隣同士の個室の壁の真ん中に鍵付きのドアをつけた。

一つは夫妻や兄弟姉妹などが隣で生活するときのため。

二つ目は、介護が必要になったとき、隣同士のドアをあけて声をかけあうこともできるし、介護側の利便性も考えた。

オープンの日、見学者にこのことを説明していたとき、「夫妻の方も一人一室で隣同士に居住されるとよいでしょうね。ただし、鍵は女性にお渡ししましょう」と冗談を言ったら、つれあい風の男性は「ムー」、女性はにっこりして、つれあいの顔を見て笑っていた。

ユーモアもわからない男性はいっぱいいるので、試しに男性に説明するときは「夫妻の場合は女性に鍵をお渡ししますよ」といたずらに言って楽しんでいる。すると、いろんな反応があっておもしろい。

なかには「いや、僕たち夫婦は自立と共生の暮らしの場に住んで、隣同士はやめたいね、一階と二階とかがいいね、と話してるんですよ」だって。一本やられたときもあった。

3　共用スペースは余暇とコミュニケーションを楽しむ場

個室は十五帖とバルコニーということになったが、共用スペースも広さと費用はとりあえず度外視して考え、現実になったら実施計画で細部を議論していこうということになった。

まず、共用部分はアトリエ、食堂、ゲストルームから始まり、ざっとポイントを決めて、玄関、浴室、来訪者やみんなのトイレ、廊下、採光、それから点字ブロック・スロープ・エレベーターなどのバリアフリーを考えていくことにした。

食堂・アトリエ――これからの生活に必要なゆとりの場

ドイツの人々は日ごろ、社交や遊び上手な環境に育っているが、日本人は遊び下手、つまり働き者であり、働くことが生き甲斐と飼い慣らされてきた人々が多い。年をとって余暇を上手に楽しんだら、と若い人に言われても無理な面がある。

そこで、楽しい食事と語らいの場である食堂・リビング、交流する広場的なアトリエ（名称はなんでもよいのだが）を考えた。ゆとりのなかった人々にゆとりの場は必要だ。

他の施設などを見ると、食事をする場とコミュニケーションや作業をする場がまったくいっしょというところがあるが、これではゆとりとはほど遠い。私たち研究会員がかかわっている施設では、食事をとる場とさまざまな交流をする場を分けており、生活者は交流とゆとりを楽しみながら生活しているのを目の当たりにしている。だから、研究会員は食堂とアトリエを設けることにまったく抵抗はなかった。

食堂もアトリエもできるだけ広く、と考えて設計した。

心なごやか、掘りごたつ

住居内は全部フローリングにしたほうが清潔でよいから、いちおうその案で進める。しかし、日本人の暮らしを主導してきたなごやかな和室がほしい。さりとて、座るのに不自由な足の人もいることと、いずれ畳に座りにくくなる人が出てくる。

だとすれば、掘りごたつを作ろう。「掘りごたつで一杯？」なんていう夢。そこで食堂三五帖（五八・七九平方メートル）のうち、南側の一角の六帖を素通しの和室にして、真ん中に掘りごたつを作ることとなった。

和室で心がなごむのは幼いときの郷愁でもある。幼いときの私は、畳の上に折りたたみの卓袱台《ちゃぶだい》を置き宿題をした思い出もある。独立してからは板の間にカーペットを敷いてテーブルと椅子になった。私は足の障害をもったせいか、立ち上がりに便利なのはテーブルと椅子の生活がいちばん楽。

食堂の和室は、仕切りをするかどうかを話しあった。

「オープンのほうがよい。食堂も広々するし、また個室以外は開放的な造りがよい。別に監視しあう気はないが、共用の場はオープンのほうが気持ちがいいから」

ゲストルームだけは個室と同じようにドアで仕切られることは必要だが、ほかの共用部分は「誰でもいらっしゃい！　誰とでもお茶を飲もう」「あーら私も入れて」とコミュニケーションを助けるにはオープンスペースがたくさんあることではないだろうか。

「落ち着いたら、研究会員は掘りごたつで飲もうね」と、まるで自分たちの家みたいに掘りごたつに湧き返った。

雪見でいっぱい掘りごたつ
月見でいっぱい掘りごたつ
花見でいっぱい……　ってどう？

気楽に訪問、ゲストルーム

ゲストルームは二人が泊まれるように考えた。生活者の友人や家族が気軽にこられるようにすることが大切だからだ。

泊まりがけでこられる来訪者も、また受け入れ側も自分の十五帖の居室に四六時中いっしょでは疲れる場合もある。ゲストルームがあれば、生活者の居室は日常生活のままで、友人を歓迎することができる。それに、宿泊者が必ずしも生活者と同性とは限らないだろう。

友人を招いてここでわいわい騒ぐこともできるし、特別な介護の人を依頼したとき、当直室も必要。また、最後に看取りにこられる家族や友人だっている。

まだある。

息子さんや娘さんが施設入所している高齢者も想定することが大事。その施設から一時帰宅するときの受け入れも考えていかなければならない。

現在、都市の施設では、子どもが施設入所、親も施設入所の場合、訪問はできても、どちらかの施設に泊まることは不可能である。施設のスペースの問題と、施設運営者がそこまで考えていないからだ（ワルイケド）。

地方の施設では、遠くから家族が訪ねてくる場合も考えて、宿泊棟も準備されているところもある。家族や友人の絆を大事にするには、現在求められていてもできなかったことを、ほんの少しの発想の転換で実現させ、前進させていきたいものだ。

玄関は二重に

土地の有効利用を考えると、今までの日本の家屋に見られるものは、農村地帯は南に門構えと同時に玄関、都市になればなるほど北側に移動してくる。マンション、アパートなども玄関は北に位置している。居室の日照を確保するための工夫で、うっかりすると玄関は北側という固定観念に引きずられてしまう。

なにごとにおいても、固定観念をまったく取り払って検討する作業を続けていくこととした。

玄関は二・二五坪（七・四三平方メートル）、扉は二重（風除室）にし、裏玄関（勝手口）も作った。最初、玄関は北にあったが西側に手直しした。寒さに向かって出入りするのを避けるためである。

高齢者には高血圧、心臓など循環器系の故障は持ち物となり、同年輩の友人達の訪問者のことも考えに入れれば、少しでも寒くない出入り口が重要なポイントになると検討された。

「出るのが寒いから、外出やめた」とならないように。玄関を出た途端、温度差が激しくて心臓が止まったということにならないように。

外出から帰ってくる夕方、西日をあびた玄関のぬくもりを考えてみた。図面の西を頭に置いて、出入りする自分の姿をシミュレーションしてみる。

風の日も頭に入れて、ドアは三枚の引き戸開閉にして、車いすでも開け閉めしやすく開口部が広い。広さも二・二五坪なら車いすや歩行器の回転も自由にできる。

「棺も出せる」、なんて冗談も出た。

イタリアのアシジの町は、どこの家にも、石畳の道路沿いに一平方メートル四方の窓がついていて、鉄の柵で覆ってある。みな、同じようなので「この窓は何？」と聞いてみたら、遺体を教会に運び出すときの専用の出口だという。つまり、この窓は神のもとにいく神聖な玄関で、死は天国へいく、復活の意味も含まれていて、一人一回しか使えない尊い出口。

そんなことも頭にあったので、つい〝棺〟なんて言葉が出たのである。

なんのかんの悪い意味はありませんデス。

4　けちらず広くトイレとお風呂――足元からの尊厳

広い風呂と小さい風呂

温泉の大浴場とは比べられないが、ＣＯＣＯ湘南台では大浴室と名付けている。

一階は大浴室で三坪（九・九一平方メートル）、脱衣室一・八二坪（六・〇三平方メートル）。二階は家庭用の一般的な小浴室。両方とも脱衣室も含めて床暖房が入っている。

小浴室設置の是非については、冗談に「入れ墨があるから……」などと笑いながら、人と入るのに慣れていない人のため、とか、みんないろいろな理由を並べ立てた。

大浴室は二十四時間お湯を入れるほどの経済的余裕は考えられない。そこで一定の時間に、なるべく二人から三人複数で入るようにしないとならない。危険防止も考えると複数で入れる大浴室が必要。また大浴室は介護が必要になった場合、ヘルパーさんが介助しやすい広さが大切と考えた。

入浴できる時間に制限が設けられるのは仕方がない。そこで一人風呂も必要になる。スイッチ一つで夜遅くても、また朝風呂も使える。神経質で、一回一回お湯を取り替えなければ気が済まない人のためにも、などなど。というわけで、大浴室と小浴室を作った。

ここで、手すりやシャワーの温度調節、洗い場の蛇口の高さを設計者は実験してみていた。すべらないゆったりとした椅子も、設計者の配慮である。なんと言っても、設計者の苦心のあとが見える。

大浴室は西側の道路に即直面しているわけではないが、浴室の窓はスライディングのカーテンを取り付けてもらった。外から見えるわけではないが、何となく……であった。

ところが、入居後、夏の夜に車で帰宅して、駐車場から北側の風呂沿いのスロープを通って玄関に入ろうとしたら、のんきな人の入浴は窓をあけっぱなし。湯気が外に立ち上っている。スロープから「タダイマヨ」と声をかけたら、「アハハハハ、痴女がいたわ〜」だって。陽気な入浴風景であった。

三・五帖の大きなトイレ

大浴室の隣のトイレの広さ三・五帖（五・七八平方メートル）を確保するのに、研究会員の抵抗はなかった。

最近、車いすが回転できる広さのトイレも出来てきたが、よその施設や病院などで、車いす用トイレで用を終わらせて出てくると、タイル張りの床に座って、カーテンの中で介護者が「よっしゃ、よっしゃ」と腰を曲げて脱ぎ着させている後ろ姿を見てきた。

研究会員には、自分も車いすの経験をしたり、人の介護も経験している人たちが多かったので、トイレの部屋で床やいすに座っても着替えができるよう、床暖房付きでそれなりの広さがあることは基本だと考えていたのだ。

用を足したあと廊下に出て身繕いするのは、いくつになっても恥ずかしい。また、たいていトイレは北側なので寒い。しかし食と排泄は重要なポイントで、ただ排泄すればいいというものではない。

「尊厳」「尊厳」と口で言っていても、足元の小さなことから目配り・気配りしていくと、床下から「尊厳」を守らねばならないことに気づいてくる。

三・五帖、床暖房・ファン付きは決して無駄ではなく、「ほかに使えるのに」とけちな根性はやめよう。

ゆっくり座れるようにラタンの椅子も置いた。壁には人形が並ぶ。

「静かに読書をしたい人はどうぞ」と言えるような部屋で、安心してゆっくりシーやウンをしたいものではないだろうか。

建築家最上真理子さんの力

グループリビングの建築は、太陽のぬくもりや自然の風などを取り入れた木造家屋がいいに決まっている。換気もほどほどに自然がいい、とは考えても、藁葺き屋根で囲炉裏なんてことはできないし、たいがいの家はアルミサッシなどのガラス窓の生活に変わっている。

最近は新建材が多いので、いったん火災にでもなろうものなら、新建材から出る毒ガスにまかれ死亡したり、火の回りも早くて逃げ遅れたりする悲惨な事例には眉をひそめてしまう。

そこで、健康的な木造建築、防災を考えた間取りと器具をも考えながら、全体の建物の構想は固まっていった。

木造二階建て、木をふんだんに使うと湿気や暖かさ、涼しさなどにもやさしく影響してくれる。

廊下にもエアコンは当然入るが、床暖房も各所、検討していくこととした。冬でも床が暖かければ行動的になるのでは、と、活動しやすい家の造りとランニングコストとのにらめっこでもあった。

脱ぎ着する場やトイレ、食堂は床暖房にしたらいいだろうと、おりにランニングコストお構いなしの元気印の意見も出るし、住む人に対しての嬉しくうなるような思いやりはありがたいこと。

「食堂は床暖房を入れても、エアコンを入れないときもあるでしょう。だから食堂は二階の南西にすれば、西日で夜は暖かさが残りますよ」と設計者の最上さんは即応じてくれる。

「でも夏は西日で暑いわね」「窓をたくさん造って、天窓に向かって風が流れるように天井はやめて、当初の夢を実現しましょうか。つまり山小屋風ですよ」との答え。

「うわー」と歓声が上がった。

二階の食堂兼リビングのスタイルを山小屋風にして天井はなし、太い梁を通して照明を工夫、天窓が二つ開放できるようにした。彼女がとくに配慮したのは、廊下の幅や自然の採光で、太陽の光を取り入れることには苦心したようだった。

九六年に、最上さんとカナダのグループホームを見学・学習したおりに泊まったログハウスや山小屋スタイルの大リビングなどを眺め、座ってみて、食べてみて、湖を眺めたり、鹿の母子の群れを見ながら、「やはり木造で天井の高いのにしてみない？」「この雰囲気ですね」と私は話をつけていた。内心、相当の費用がかかるだろうと思った。しかし、彼女がいくつもの建物の内外をていねいに見ている姿を見たとき、大丈夫やる気だなと感じとった。

ひとつひとつていねいに行きつ戻りつ、回り道しながら、暮らしの絵が見えてくるようになった。話しあいのあとで、具体的なランニングコストの予算の計算を立てて、現実の話になるよう追いかけていった。

建築面積を一五〇坪にすると耐火建築にしなければならず、コストが合わなかったので、準耐火の一四七坪（四八五平方メートル）とした。

こうして、あれもこれもと研究会員が求めたものを、最上さんが、意見を聞きながら、ほぼ一年くらいの間に十回以上平面図を書き直し、基本的な建設予定平面図が出来上がったのである。

‡巻末資料　ＣＯＣＯ湘南台面積表　二三二ページ
ＣＯＣＯ湘南台平面図　二三三ページ

5　当事者も参加して、バリアフリーの検討

研究会で建物の基本的な内容が決まったところで、点字ブロックや、段差を解消するスロープなど、バリアフリーの検討に移った。

バリアフリーは、これだけあればよいということではないし、スロープも角度によっては車いす使用者が自力で使えなければ役には立たない。

四十代の力みなぎる人が考えるスロープには急勾配のものがつくられたりする。私自身も右足に障害があるため、階段の上り下りや蹴上げの高さ、石ころ道には神経をとがらせているのが日常。端で議論しているより、車いす使用者や視覚障害者に聞いたほうが早いという結論になった。

研究会員の星野さんは車いす使用者で在宅介護支援センター長でもあるので、設計者といろいろ検討してスロープを工夫してみた。

当初は西側の六メートルの公道沿いから、という案であったが、これを改善して北側だが敷地内の駐車場から入れる建物沿いの位置で、なだらかな傾斜のスロープとなった。車いす使用者は、車で来訪するだろうとの助言を得たからである。

やっぱり当事者が計画に入ることによって、発想の違いを発見したことと、設計上も特別に用地を割り出す必要もなく合理的な解決ができて、当事者の参加の必要性を改めて認識させられた一件であ

った。

掘りごたつはフローリングの床面を高くして座敷を作ることになる。床面から座敷までの高さも、車いすに乗っている人が車いすから座敷に移りやすいよう、検討してくれた。

そのほか、ドアの開閉、スイッチやコンセントの位置、手洗いや水道の蛇口の位置、ドアはすべて引き戸、エレベーター、階段の蹴上げの高さ、全館フローリングで手すり付き、にいたるまで、星野さんのおかげで細かいチェックができた。

床暖房の面積、二階テラスの風通し、大小浴室の設備の内容などなども、星野さんの在宅介護支援センターの経験からたくさんの助言を取り入れて工夫されたのである。

避難用すべり台

すわ！　防災・いのちのことはいちばん大きな課題としてみんなの頭の中を占めている。「避難するときどうするか」で簡単に思い浮かんだのがすべり台であった。一度でもそれを使用することがあってはならぬ話。されど一度のときに必要……、と少々とまどいながら議論する。

避難用すべり台はステンレス製で、私たちが建設しようとする建物につけるとすると二〇〇万円かかるという。そして設置スペースも建築面積に含まれてしまう。

考え方を切り替えてみる。これだけの費用とスペースを使って、果たして本当に避難ができるか、またすべり台では近隣の人が下から駆け上がってきて助けられないのではないか。ならば、二階のバルコニーから幅の広い外階段をつけたらいいのではないか、という話になった。バルコニーから直接

表２　バリアフリー内容表

1　**道路・出入り口**……スロープならびに点字ブロック（通路幅78cm以上、出入り口75cm以上）の設置で車いす、視覚障害者に対応

2　**玄関**……風除室を設置して段差なしによって車いすの回転もできる

3　**手すりなど**……全館、廊下や階段、トイレ、浴室など手すりをつけ、歩行が自立できるよう工夫

4　**エレベーター**……車いす１台分と介助者、または一般４名（200kg）が利用できる（幅80cm以上）

5　**階　段**……段差を低くし、昇降が容易にできるようにし、滑り止めも工夫

6　**浴室・脱衣室２カ所**……
１階　車いす介助型（ウインチ装着が将来できるよう、天井裏の補強をした）、床暖房、特殊洗髪器具装備
２階　単身用（手すり付き）、床暖房

7　**トイレ**……１階　車いす対応、床暖房
２階　一般生活者や来訪者が利用、床暖房

8　**個　室**……キッチンユニット（小流し、小冷蔵庫付き）は電磁調理器対応、トイレ（床暖房とウォシュレット付き）、洗面

9　**バルコニー、テラス**……非常時対応型

10　**住宅の床**……全館フローリングは車いすに使いやすく、高齢者の歩行にも安全。Ｐタイルは梅雨時湿気が水滴となりすべりやすい。ジュウタンタイルは車いすには不適。また高齢者がつまずき骨折をおこしやすい。

11　**ド　ア**……開閉ドアは横スライド式（引き戸）で車いす対応

12　**その他**……スイッチ、コンセントの位置は車いす対応。リビングにも床暖房を設置

13　**ゲストルーム**……
①家族や友人などの宿泊
②生活者の家族に施設利用者がいるときなどは、施設からの一時帰宅の受け入れが必要
③介助者の宿泊

庭に通じていたほうが合理的であり、生活の楽しみにもなる。また日頃から避難用の外階段を使い慣れておくことがいいのではないだろうか、との結論に到達した。階段の幅も二人で車いすを抱えて降りられるくらいにし、手すりもつけることとした。

現在、このテラスと階段は生活者のちょっとしたオアシスになっていることと、バルコニーへの階段が庭にでる日常の出入り口に利用されていて便利に使われているので、結果的にもたいへんよかったと思う。

6　バリアフリー高齢者住宅「COCO湘南」の誕生

九七年九月、研究会では私たちが開発した暮らしの運営主体の名称を考えてくることが宿題になった。

途中、電話で「コレクティブウェーブ」「コレクティブパワー」「ココ」「サンシルバー」「サンサンサン」とか威勢のよい名称が送信されてくる。比較的コミュニティのテーマに沿うものが多かった。ともすれば高齢者の姿を象徴するような完結型の名称もよくある。あちこちの老人会を見渡すと、ことぶき会、ときわ会、桐の木とかタンスじゃあるまいに。福寿会、幸いなるかな、○○荘とか○○ホームとかいう名称を考えてくる人が少ないということは、みんな元気印を旗頭に新しい人生へ歩み出すというテーマへつなぐ心遣いであった。

元気印に考えた会員の名称は美味しい若者の味であった。

ちょうど、悪さをした宝石商人ココY事件があったあとだったので、ココ？　高齢者狙いみたい。ハハハ……。誤解のないように。

地域社会とかかわり生きる〈コミュニティ（comunity）〉、力を合わせて協同して生活していく〈コーポラティブ（cooperative）〉の頭文字をとって「ＣＯＣＯ（ココ）湘南」。共同体の意味。

研究会のテーマだけでなく、地域も大切にしたいし、イメージも大切。「湘南」なら全国的にも知名度が高い。

住宅がどこに建つかによって、ＣＯＣＯの下に地名を入れよう。江ノ島だったら「ＣＯＣＯ江ノ島」というような名称はわかりやすいし、土地の人たちに親しまれるのではと全員大賛成。

このなかでは、最高年の次の年齢になる私は七十歳。若々しい名称にご機嫌で、海の上をすべっているようなサーファー的気分になってはしゃいでいた。

不思議なもので、ほんのちょっとしたことが心の栄養素になるのがよくわかる。若い人たちと丁々発止はいいもの。

ＣＯＣＯ湘南、この指とまれ。

――ＣＯＣＯ湘南。

［第4章］生活を支えるサポートシステムをつくる

1　地域と社会的資源とのネットワークが要

何でも自前でなく

ドイツで見学したホームは鉄筋コンクリート三階建て。三階部分が二つのコミュニティに分かれ、一つが十二名であった。二階が介助する人の宿舎で、一階は地域の一般の人も利用できる理・美容院や工房、レストランなどとなっている。

ＣＯＣＯ湘南では、自分たちで全部の機能を備えると閉鎖的になるし、運営もむずかしいと考え、社会的資源へ協力を依頼することにした。

「社会的資源の利用」とひと口に言ってしまうが、まずは地域と共に生きる、地域の一員として暮らすことが大切ではないだろうか。それには地域の商店を利用し、医療機関や保健施設から美容にいたるまで、それぞれ専門の方々との協力関係によって生きていくのが〝街〟だということをお互いが認めあうこと、それが地域住民としての役割にもなると思う。

かつて、大きな敷地に施設が点在し、そこに診療所、郵便局の窓口から売店までが揃っていてすべての用が足せるような生活完結型のコロニーというものがつくられた頃があった。外部の人からは何か特別な人がこの施設を使っているという存在で、内部の利用者はときおりの外出以外は職員とボランティア、訪ねてくる家族以外の交流くらいしかなかった。

これは一つの例としてあげたが、なにごともそのなかで用が足せるというくらい、便利ではあるが不都合なものはない。ノーマライゼイションの一歩は社会との交流であろう。社会的資源の活用とは、まずは地域とかかわっていくことなのである。

社会的資源である公的機関、民間病院をはじめ、スーパー、理・美容院、交通機関などは、まだ障害者や高齢者へのサービスは不慣れなので、私たちの暮らし方を理解してもらえるよう、積極的に働きかけていくことによって理解も広がるだろう。地域の開拓には時間と労力もかかるが、社会的資源との交流は大切なのである。

2　保健医療・福祉のネットワークをつくるために

研究会員に専門家を入れる

保健医療・福祉は元気印の生活を支える柱である。住居の確保に続いて、保健医療機関ともネットワークしていくことが、少しでもＣＯＣＯの生活者の安心感にもつながる。

ＣＯＣＯ湘南台の見学会などで、このネットワークをどうやってつくったかを聞かれることが多い。これは、研究会を立ち上げるときから意識的に介護などの専門家の助言を求めるようにしていくことが必要だと思う。

ＣＯＣＯ湘南の場合、十六人のメンバーに、高齢者の介護の専門家に依頼して研究会員になってもらったので、毎回助言や参考意見を得ることができた。

協力の依頼は、市の医師会長へのあいさつから始まる。医師会長の先生からは「協力する」というていねいな書面をいただいた。

ＣＯＣＯ湘南台の建設が決まってから、住居を中心とした南と北の、それぞれ質が高くて評判のよい藤沢湘南台病院と湘南中央病院を選択し、支援を依頼した。

どこを指して質が高いと評価できるかは、風評を普段からキャッチして情報を蓄積して判断していく。だいたい、医師・看護婦の質と機能、人間的対応だといえる。

地域に住んで聞き耳を立てていると、病院や施設の良いところより悪いところの噂が聞こえてくる。「あの病院は、何でも検査」「薬をどんどん増やす」「先生がよく説明してくれない」「わからないけど、お金がかかる」などなど。

「手術したら、すぐ退院させられる」と言うが、これは病院側から言わせると、回復を早めるためと説明する。たしかにうなずくことはできる。退院したのちのフォローの問題さえ解決し、理解していればいいのだ。

これからは自分が帰るのを待っている仲間と家、そしてホームドクターが控えてくれている。

早期発見・早期治療に徹しているＣＯＣＯ湘南としては、今後の課題として介護保険制度をしっかり利用していくための準備を始めた。

協力をお願いするときには

医師会長さんや病院長さんに時間の予約をしてお話に行った。とくに、私が知的障害(児)者の医療問題研究会や、外国人市民の医療保健研究会のメンバーでもあったので、皆さんまったく知らない先生方でもなかった。

協力をお願いしにいくときは、「何をどのように協力してほしいか」をはっきりさせていないと相手様に失礼であり、ただの挨拶や思いを述べるだけで終わってしまう。

またこれはどなたに対しても同じだか、マナーとして面会時間の予約と時間厳守、面会時間を短く、要件を伝えやすくした材料を持参することである。「あの人が来たら長いなあ」という不信感をもたれないように、日頃からの訓練を必要とする。からだの病気の相談や心の相談とは異なることを肝に銘じてかかることである。

みなさん、高齢者のグループリビングについては「大事なことだ」と共感してくれ、協力を約束してもらうのに苦労はなかった。

個人開業の医院の先生方も、提案書に強い関心を寄せてくれること間違いなしである。

バックアップ体制をつなげる

以下に、医療関係のバックアップ体制の考え方を示してみよう。

個人個人のホームドクター

高年になれば、血圧の高い人、低い人、かつて若い頃大きな手術をした人、循環器の弱い人もいるだろう。それぞれ個人個人のからだの状態にあわせたホームドクターがいるだろう。また骨、神経、その他をはじめ、歯、耳、泌尿器などなども保護や予防をしていくために、専門のホームドクターに登録して、健康を保持していくことが必要である。

バックアップ往診医　高熱や急な腹痛の場合、「すぐ救急車で病院へ」という前に、往診医師によって治療を受けるのも望まれている。具合の悪い人が病院に車で行って診察時間を待っている辛さよりも、往診医が来てくれれば布団のなかで安静にして寝ていることができる。

ホームドクターが往診も受け持ってくれる場合はよいが、昼間の診療所でのみの診察の場合は、別に往診医のバックアップを考えたほうがよい。

ＣＯＣＯ湘南台では、歩いて五〇〇メートルくらいの内科・小児科の医師がサポートを受け持ってくれる。急病初期の診療と治療である。そして、指示によって入院のときもある。

総合病院――ホームドクターとのネットワーク　ホームドクターや往診医での診察・治療を経て、総合病院での治療や入院が必要なときのものである。

ＣＯＣＯ湘南台では、ベッド数一〇〇床以上の民間の二カ所の総合病院にバックアップを依頼した。ここでは二十四時間対応してくれることも了解していただいた。

また、風邪などで体力が落ちて自宅の療養が不安なときはすぐに入院させてもらえるような、地域開放病床やガンなどの在宅ホスピスケアも計画され、二〇〇二年には始まる予定であり、まずひと安心といえる。

今後は医療情報、介護保険に関してのサービスの質の評価は専門家に聞けばわかり、判断を誤らないですみそうだ。

もちろん、病院の選択はあくまで本人の選択によることが前提になるが、ホームドクターの指示で病院へ。退院後ホームドクターの支援が円滑に進み、必要によっては訪問看護やヘルパー介護などを利用することによって、自宅であるＣＯＣＯ湘南台で生活することが可能になる。

訪問看護や在宅介護支援センター、老健施設など

老人保健施設、介護支援センター、訪問看護ステーションについては、これらとの包括医療をも進めている藤沢湘南台病院介護支援センターが正式にバックアップ機関となってくれた。

これからは、私たちも訪問看護やヘルパーさんの支援、デイサービスの利用など社会的資源を上手に使って生活していこうとする素直な姿勢が大切だと思う。

よく聞く話だが、九十歳の母と同居している息子夫妻も六十代で、介護者が風邪をひいて弱ってしまった。母に、「ショートステイを二、三日利用してほしい」と協力を頼んでも「絶体イヤ」と怒ってしまったという。

このような話は稀なことではない。無責任な周りの人は「年をとられたら外泊は可哀そうよ」と言う。私は気の毒なのはわかるが、双方で少しずつ分け合うことを勧めている。

私も高年になって、頑固もいいけれど、お互いがともに分かち合い、協力し合っていくために、弾力性を失わないように努めたいと自分にも言い聞かせている。

みんな一回の人生を大事に使うための予行練習をしておこう。

年をとったら力がなくなるのは当たり前。しかし、残っている素敵なものは、思いやりや優しさだと思う。

3　生活のサポート――食事づくりと家政

営利企業ではできない――食事サービス　キュービック

台所から解放されたと喜ぶ人々の舌はこえている。それに高齢者の楽しみと健康を保つには食事が大事な要素。

研究会のオブザーバーで会に出席していたのは、横浜市泉区にあるコープかながわの「キュービック」のメンバーである。高齢者のお弁当づくり十年のキャリアがものをいうときが来たり、であった。

営利企業では、十人の昼・夜の食事づくりは採算ベースにはのらない。

楽しい食事、バランスのとれた栄養素。六十代以上の人の肉体は、欠陥もあれば個性もある。どちらかと言えば、今様ではなくて、古式ゆかしい家庭料理を好む傾向があると思う。私もCOCO湘南台が開設される前に、他の食事配送などのグループの食事内容も見学したり、味わった。若い調理係は、最近の豊富な材料に挑戦し、色といい形といい上手であった。

しかし、近代と古代のミックス料理にはマイッタ。それらのグループの食事はサーモンのり巻き、ハムのにぎり寿司、お節句には三色フォアグラ風テリーヌとか。子どもの誕生会と高齢者を同一化してはいけないと思った。日本の食文化をしっかり身につけた家庭料理の献立が好まれる。明治・大正・

表３　お願いしてみたネットワーク一覧

■医療機関
個人のホームドクターへの登録
総合病院（北部、南部の２カ所）
往診のできる医師
医師会と夜間診療情報
老健法の保健施設１カ所と建設中１カ所
訪問看護ステーション３カ所
■介　護
介護支援センター３カ所（市も含む）
社会福祉法人デイケアセンター１カ所
ボランティアグループ２カ所
■食　　コープかながわ給食センターキュービック
■家　政　コープかながわワーカーズ・おり～ぶ
■その他
消防署　　防犯のため駐在所　　町内会長　　地区民生委員
タクシーなど

昭和の初期の人たちが相手であることを考えてほしい。

そこでキュービックを選択した。「ノー」と言わないキュービックの語源は〝ルービックキューブ〟。多面体という意味で名付けられた。

ＣＯＣＯ湘南台の台所のメニューも古い好みと新しい好みとぶつかり合いながら、一年余り。ＣＯＣＯ湘南台の味が生まれてきている。

家政のおり～ぶ

家政担当のコープかながわワーカーズ・おり～ぶは藤沢市内の人たち総勢十八人。

自然農園づくりのグループ・レインボーファームから変身した「おり～ぶ」へ声をかけてくれたのは井之川さん。農園づくりで同じメンバーだったという。彼女たちは和・洋音楽家や学校の先生だった人、ただいま専業主婦の方々が「世のため人のために何かやっていきたい」と底力を発揮してくれたのであった。

共用部分である玄関、アトリエ、リビング、廊下、エレベーター、大小浴室などの清掃は、おりーぶがいってに引き受けてくれる。

月・水・金曜日の午前中の清掃と、同日夜の食器洗いである。個人の部屋の清掃は、必要があれば個人で依頼する。

‡巻末資料　暮らしのネットワーク図　二二八ページ
COCO湘南台の食事サービス契約の考え方　二三七ページ
COCO湘南台のメンテナンス契約の考え方　二三六ページ

4　サポートシステムも運営していこうとするCOCO湘南運営委員会

自分たちで運営する、その手法

こうして生活を支援するだいたいのシステムができあがっていった。これらを研究会ではサポートシステムと呼ぶようになった。しかし生活者だけでは、とてもこのグループリビング、サポートシステムを運営していくことはできない。

そこでサポートシステムの中心となるのが、特定非営利活動法人となったCOCO湘南である。COCO湘南は、COCO湘南台の医療・保健・福祉のネットワークや、今後できるグループリビング、地域の高齢者へのサポートをしていくセンターを検討中。

また、家主さんから一括して家を借り入れる契約、入居者との契約、食事のキュービックや家政のおり〜ぶとの契約、建物内のメンテナンスの契約（エレベーター、防災器具、水槽タンクなど）などは、ＣＯＣＯ湘南との契約である。

建物の管理や地主さんとの細かいやりとりは、管理会社の湘南アーキテクチュアがＣＯＣＯ湘南と契約を結び仕事をしてくれる。

大きく羽根を広げているＣＯＣＯ湘南の翼のなかで、グループリビングは安心して生活を謳歌している。ＣＯＣＯ湘南が親鳥と言ったらわかりやすいと思う。

特定非営利活動法人格の取得へ

一九九八年春に、特定非営利活動促進法（ＮＰＯ法）が国会で決まり、十二月一日付けで始動することとなった。

「市民自治」と心地よい言葉で、「市民のための市政」などと言いつつも、活動はいつも行政の外堀を埋めるようなかたちで、町内会が広報配りや伝達や募金などのさまざまな下請けをしている。

町内会とは別に、かつては生命を守る身近な消防活動などもあった。またボランティア活動として、防犯、防災、救助から、積極的な福祉、文化、環境や市民オンブズマンなどが動き始めた。

市民が主体となって自立した公益的な活動を運営していく市民団体があちこちに発足して、やっと市民の手による市民活動が活発に展開され始め、その活動が軌道に乗るかどうかは、これからの課題となってはいる。そこで、民間非営利組織に法人格を認めていこうというのがＮＰＯ法である。

「メリットはないじゃない？」

「事業を法人として登記していくことが大事」

「社会活動の認知には必要なのではないか」

「地域社会貢献の活動をしていくのだから」

「これこそＮＰＯの活動だって示していくことも大事」

「書類を見ると、面倒な申請書ね」

「事務的なことは慣れているから大丈夫だよ」

などなどの議論のうち、研究会では法案のメリット・デメリットはあるにせよ、グループリビングのために一括で建物を借り上げるための信頼感、高齢者の暮らし・地域活動・サービス活動を活発に展開するためにも、わがＣＯＣＯ湘南運営委員会も法人格を取得していくことがよいと結論に達した。

「長い名称だけど、利益を追求し営利に動きたい活動体が多いから〝特定非営利〟って名乗る法人はいいわ。非営利で参加する実証として」ということで、ＮＰＯ法人設立準備委員会を設立することとなった。

いよいよ特定非営利活動法人の取得にとりかかる。

井之川さんを中心に、定款・事業計画・財政計画の検討を進め、二月八日に設立準備委員会が発足。以後、設立総会などと周辺はあわただしく動き出した。

そして七月六日、法人認可。

こう書くと、簡単なように見えるけれども、県庁県民総務室法人担当とは、法人申請のしおり通りの解釈や表現方法をめぐってやりとりが繰り返され、県庁へ往復すること六回にもなったのであった。その結果の神奈川県知事の認可二十一号目なのであった。一週間以内に法務局に登記をすませ、まずはめでたしであった。

井之川さん、ご苦労様。

ＮＰＯ法人ＣＯＣＯ湘南の目的

ＣＯＣＯ湘南の活動目的の一つは、高齢者グループリビング第一号「ＣＯＣＯ湘南台」の自主運営である。

法人の運営には、理事会と運営委員会があたるが、運営費は出資会員と賛助会員と二段構えで、その会費が支えている。

一年を経た現在では、ＮＰＯ法人ＣＯＣＯ湘南は運営母体の仕事の他、常務理事の井之川さんのもとで、

・全国グループリビングネットワークとの交流やＮＰＯ法人のネットワークとの交流
・税法上の経理報告（県税・消費税ゼロの手続きの届け出）
・ＣＯＣＯ湘南の出資会員、賛助会員の入会や会費の管理（銀行その他）や一般経理
・会報の作成と発送
・理事会や研究会、その他の連絡事務
・その他

これを法人事務担当が週二回で調整している。

「ＮＰＯ法人格を取得した高齢者住宅や福祉のグループのネットワークへ参加しないか」という声もかけられた。

ＮＰＯ法人の税制度、その他、今後改善していくためには、みんなの働きをみせなければならない。そのためにテーマごとのネットワークや全体のネットワークも必要である。

ＣＯＣＯ湘南では、井之川さんが担当してくれているが、費用もないのにまたまたあちらこちらと走り回ってくれている。

市民自治とは何か、もう一度討論していくチャンスで、このＮＰＯこそ市民自治を本物に育てていく流れになるのではないだろうか。

‡**巻末資料**　ＣＯＣＯ湘南設立趣意書　二四九ページ
「ＣＯＣＯ湘南」の会員　二四七ページ

［第５章］　費用の算出と用地探し

１　私たちの考える暮らし方を費用にしてみる

費用の算出

おおむね個室や建物内の設備、生活支援の仕方が決まったところで、暮らし方と費用を割り出した案について検討してみようと一覧表をつくってみた（表４）。

高齢者が求めているもののうち、食事づくりからの解放、自由時間の楽しみ方は生活のなかで大きなウエイトをしめる。またわずらわしくない人間関係を保つ仕組みなどから考えると、Ａタイプに絞られてくる。

八十代になって、食事当番ができるか否か。火気の取り扱いの危険や食材の買い物も考えると十名分の食事づくりは無理だし、「いやだ」。

しかし、私たちだったらこういう生活をしたい、というこだわりのぎりぎりのプランなので、朝食は各自自由。朝何時に起きなければ、ということもない。そこで食材費は昼夜分三万円。一日千円で、高からず安からずの食材費である。

表４　一人分の生活費の検討案

	A	B	C	D	E
個室面積	15帖 25.06㎡	15帖 25.06㎡	10帖 16.59㎡	10帖 16.59㎡	８帖 14.59㎡
室内機能	トイレ、洗面、ミニキッチン、クローゼット	同　左	トイレ、クローゼット	同　左	同　左
家賃	70,000円	70,000円	60,000円	60,000円	50,000円
食材費 (一日２食)	30,000円	30,000円	25,000円	20,000円	20,000円
家政委託費 ①清掃 ②調理	①＋②＝ 20,000円	①当番制 ②10,000円	①当番制 ②10,000円	すべて 当番制０円	①当番制 ②10,000円
共益費	16,000円	16,000円	16,000円	15,000円	15,000円
合計金額	136,000円	126,000円	111,000円	95,000円	95,000円

＊家政委託費の清掃は共用部分の清掃。

清掃については共用部分の廊下くらいはできると思うが、大きい風呂や階段、リビング、アトリエなどの清掃も負担になる。自分の個室の清掃・管理は生活者の役目で充分であり、プライバシーを守る意味でもそのほうがよいので、家政費（清掃）は共用スペース分とした。

ＣＯＣＯ湘南台のプランで計算してみると、全体面積一四六・四六坪（四八四・一平方メートル）中、個室面積七五・六二坪（二四九・五平方メートル）、共用部分は七〇・七坪（二三三平方メートル）。約二分の一は共用面積である。

共益費計算の根拠は、駐車場、共用部分の光熱費と水道・下水道使用料、エレベーター・風呂タンク・防災器具・消火器などのメンテナンス、衛生（防虫、ゴキブリ予防）、町内会費、コピー機リース代、その他消耗品で一万六千円である。

それで家賃七万円、食材費昼夜三万円、家政費二万円、共益費一万六千円、計月額十三万六千円という A 案である。

説明会（一〇五ページ）では、月額十万円ではだめか、という質問もあった。家を小さくして家賃を六万円とか、食事・清掃を交替でする、という手もなくはないが、元気のよい人たちでいつまでも食事・清掃を続けられるとは思えないし、個人の自由や生活の質のレベルをきちんと守っておきたいと考えた結果である。

エレガントに暮らすために——器具・備品をどうするか

器具の設置・選択についてはいろいろな議論となった。個人個人が電気洗濯機などを持参するのではスペースの無駄となる。そこで、洗濯機と乾燥機は全体で二台必要ということになった。しかし、乾燥機は電気代が大きくかかってしまうという。

病院のようにリースでカード式はどうかと電気メーカーと話しあった。しかし、これは特殊な装置で、個人電話も冷蔵庫もすべてセットでリースしなければ、かえってコスト高。むしろ乾燥機は二台自分たちで購入して設置し、一回の洗濯と乾燥機を使用したら百円くらいビンに入れたらどうかと助言された。

清潔に暮らしたいし、梅雨のとき十人分の下着やパンツやらシーツやらが室内から家の廊下まで干すようになるのもどうかしら？　よくないことだし、「エレガントでないわね」。やはり乾燥機とセットして洗濯機は二台必要。

「一回使ったら百円をビンに入れるにしても、忘れたらどうするの？」などの意見が出た。

しかし、毎日洗濯しないと気が済まない人もあれば、三日に一回の人もいる。クールに考えつつも、信頼しておおらかにいこう。

「あの人、よく洗濯するわね」などとならないように、百円。忘れたら仕方がないさ。

なにごともお互いが気にならない方法を細かく分析したほうがいい。なんでも公平に支払うようにすると、かえって不公平になるものだから気をつけないと、住んだ人たちのトラブルをつくらないために割り切り型がいい。

電話も個人持ちで自由に。

来訪者にはピンク電話。ＣＯＣＯ湘南用には私が二台電話加入権を持っていたので、一台を提供することとした。

生活していていつか気になるであろうこと、他人の行動が気になる人もあるであろうことについて、かなり分析してみたと思う。

その他、テラスに布団干し兼洗い物を干す折りたたみのキャビネットを用意しよう。天気の良い日は太陽の日で乾かすのがいちばん、布団も干せるし、と備品費に計上してみた。

‡巻末資料　どんな備品を揃えたか　二三〇ページ

電気は個別、上下水道料金は共同

個室の電気については、個メーター制とした。個人持ちのテレビ・冷蔵庫もあり、人によって使い方が異なることは歴然としている。「あの人、テレビをつけっぱなしで寝た」とかなんとか、お互いが気にしないよう、ここでも自分の責任とした。

個室の水道と下水道使用料については、個人個人に分けると使用料より基本料金のほうが高くなるため、ＣＯＣＯ湘南台の共通メーターにまとめたので、一部屋あたり一カ月一〇〇〇円とした。基本料金より安くつく。

ペットの共益費と駐車料金

ＣＯＣＯ湘南台では動物を飼ってもよいことになっているが、動物の共益費はどうするか。犬はからだを洗ったり水も飲むし、一頭月一〇〇〇円とした。「一〇〇〇円も飲まないわよ」という話もでたし、毎日からだを洗う犬もいないが「ま、いいじゃないか。クールにしておこう」「犬もどうどうと住めるしネ」ということになった。餌は個人がもつので心配はいらない。

敷地内駐車場は、建物とは別の賃貸契約となる。車は五台駐車できるが、駐車料金については一台分月一万円（このあたりの標準）、計五万円を共益費から管理会社である湘南アーキテクチュアに支払う。車持ち込みの生活者は定位置を決めて、共益費一万六千円にプラスして月額一台一万円を支払う。車の持ち込みは二台だったので残り三台分は共用にしておくことにした。家族、友人、ヘルパー、厨房の人、家政の人、ボランティアその他の人々も駐車場があると訪ねやすい。

共益費で駐車料金がまかなえるかどうかの疑問もだされた。

現在、私がかかわっている知的障害者のグループホーム（一軒五人）の二軒分の敷地・維持費などを試算してみると、ＣＯＣＯ湘南のグループリビングの面積のほうが四〇％大きく、その維持費を加算して共益費を計算してみたので、建物の修理引当金までは残らないが、ギリギリでできそうな気がすると答えた。電卓と首っ引きの作業であった。

一年間生活してみたうえで、共益費については生活者と相談することにしよう。多少の変化はあるかもしれない。

九八年二月、住宅の基本計画と暮らしの費用がやっとできあがった。振り返ってみると、二年の月日が過ぎていた。

‡巻末資料　ＣＯＣＯ湘南台共益費会計報告　二二九ページ

2　どのように土地・建物を確保するか

どのように建物を確保するか

①用地を借りて自主建設型

②ＣＯＣＯ湘南が開発したものを地主さんに建設してもらい、一括借り上げ型

などと多角的な方向から検討していた。

古いアパートを一括で借り上げる方式は検討課題にはならなかった。すでにこのような事例を見ていたこともあって、そこまでして押し込まれるような形で暮らすことは考えていないからである。たとえば、古いアパートや寮などを私たちの理想の建物に近づけるとしたら、個室のトイレ、みんなで入る浴室、小さな浴室、車いす対応の廊下の幅、ドア、エレベーター、階段の段差など、小手先の改造では用途に向くものではないことを知っていたからである。

けっきょく、上記①と②のどちらかでいくことに決めた。

＊99年４月建設開始を目指して

５月以降	11月以降
ーキング３回 提案書のまとめ(設立趣意書など)	
運営主体について ・協同組合法によるか？ ・社会福祉法によるか？ ・他の非営利グループの運営？	
	実施設計
………………………………⇒ 用途についての解明作業	用地 候補地
資金計画策定	
利用者の生活計画 費用の分担など	
提案、要望、補助金？……… 99年春、建設目標に…………	……⇒ ………⇒

表５　ＣＯＣＯ湘南建設までのタイムスケジュール

	98年１月	２～３月	４月
研究会 (世話人会)	全体会＝毎月１回 ワーキング１回 研究会計画書策定	ワーキング２回	ワ
組織運営委員会			運営委員会(利用者、学識経験者、ボランティア、ヘルパー、団体ほか)
事業計画(Ⅰ) 建設内容	素案の検討 基本設計(イメージ、広さ、プライバシーについて)	素案の検討（設備、備品など)	
事業計画(Ⅱ) 用地計画(場所)			物色開始………… 300坪
資金計画(Ⅰ) 事業資金		建物見積り(初度含む) 資金計画書	……………………⇒
資金計画(Ⅱ) 運営			生活計画
入居者と委託先		オープンスペースの清掃 食事や家政など 見積書依頼	委託先の物色と契約内容(家事について、ナイトケア計画)
行政諸関係機関との調整			事前の話し合い 打診

バリアフリー高齢者住宅研究会発行『「自立と共生」バリアフリー高齢者グループリビング暮らしの実験【ＣＯＣＯ湘南台】』より。

目標に向かってゴーイングマイ

月に鉄砲を撃つようなことを――。

これは、とうてい思いは届かないことをいう意味らしい。ほかに、「絵に描いた餅」とか。実際にでき得ないことを夢見ることをさすらしいが、とかく人が何かをやろうとすることに批判をして水をさすときに使うようだ。気にしない、気にしない、評論家はとかく何でも言いたがる。

が、私たちのいままでの市民活動において、可能だったことばかりではないが、だめでも挫折したこともなく、また新しい方向を作り出す元気な活動力をもっていた。

人の真似ならやさしいことかもしれないが、研究会は新しいテーマに挑戦して、実現を目指しているのだ。

二年目にさしかかった九八年、タイムスケジュールを立てて（前ページ**表5**）、九九年建設開始の実現の可能性に向かうことにした。

研究会員は自分の住む家の計画と準備がほぼ整ったかのように喜びあい、「青空が見えてきたわね」と、飲むお茶もおいしい。さし入れの焼き芋も手作りケーキもみんないい味だった。

3　提案書作成と協力者への配布

提案書の完成

一九九八年四月、名付けて『「自立と共生」バリアフリーグループリビング　暮らしの実験　ＣＯ

CO湘南』、私たちが開発したグループリビングの提案書十七ページ二百部が出来上がった。
提案書のはじめに、私はこう書いた。

急速に進みゆく高齢者社会を、高齢者が元気に生きていくための研究会や実践活動が市民自身によって開始されはじめました。

家族やボランティアだけで支えていくことに限界を生じ、一方介護保険制度の準備も開始されようとしています。

そのような中にあって、私たちは一九九六年に元気印の住宅と暮らし【CO・CO湘南】住宅研究会を発足。『自立&共生』を合い言葉に「出会い、ふれあい、助け合いの生活」を自分たちでつくり、高齢者同士が健康に心豊かに暮らしつつ、地域社会にも貢献していく方向を検討してまいりました。

当研究グループは、この基本計画を基に、いよいよ元気印の住宅と暮らしを実践していく運びとなりました。

しかしまだ、この住宅建設と運営についての国や自治体の環境整備がなされておりませんが、近々政府においてもNPO法案が成立し、施行されるなど、このNPO法にも期待を寄せているところです。【CO・CO湘南】運営委員会は、NPO法に基づく法人取得もめざして、検討してまいりたいと思います。

私たちはこの計画書を基に、行政、各機関、その他の協力機関と話し合いを持ちながら、実行に移したいと考えております。

この提案と実行計画をご理解、ご協力くださいますようお願い申し上げます。

バリアフリー高齢者住宅研究会代表　西條節子

私たちの提案を理解してもらう

提案書をもって、井之川さん、大津さん、小林さん、最上さん、そして私の五人が、具体的に知人や地主や、やわらかい組織で用地提供を考えてくれそうなところを当たっていった。

希望用地の広さ三〇〇坪の壁にもあたったけれど、目標に近づくためには汗を流すことを惜しまなかった。

用地の広さや建物については、研究会が開発したバリアフリーの暮らしを目標として、たとえ目の前が暗い闇のようになったとしても目標に近づけるために妥協せず、時をかけていくこととした。

これらを進めるうえで、次のような候補があったがそれぞれに難点があった。

五〇坪近い都市型。駅や商業地域に近く、建築容積率二〇〇％で三階建て建設の可能性もあったが、庭はまったく望めない、生活者が六～八名としても個室面積が八帖くらいしかない、三階建てだと鉄筋コンクリート建てになるので、建築費用から計算すると、個人の入居金も大きな額になる。それでいちおうパス。都市型を望む声が高くなれば、またそのときに考えることにした。

三〇〇坪・やや郊外型。これは適地であった。三年後に利用してよいとのことで、現在区画整理中。将来の希望はもてた。

五〇〇坪。ここの地主さんも高齢化したので、自分も居住したいとのことであった。飛びつきたい話であったが、地主さんといっしょだと遠慮が出てくるだろう。私は対等・平等の人間関係を求めたいし、気を遣わない暮らしがしたい。申し訳ないが断念した。しかし、もう少し工夫すれば検討の余地はあると思う。

そんなにおいしそうな話を断っていたら、もうこんな話はないかもしれないと助言されることもあったが、我慢したり、無理押ししたりして急ぐことはない。

生活していく人々の「収容」ではなく、あくまでも個人個人を大事にした対等・平等な暮らしを追求していきたかったのである。

公有地の交渉はしない

人々から公有地の交渉はしないのかと問われた。しかし、補助金は交渉するけれど、用地交渉はしないと決めていた。民間の活力でやりたいこと。それに市の土地といっても市民のものだ。私たちの考え・活動は、また市民の合意形成にまでいたっていない。政治力みたいなもので、ちょこっとやってしまうのは好きではないし、よくない。そのような思いでみんな一致していた。

土地建物取引業者には頼まないのか、とも聞かれた。

知人にも不動産を扱う人々はいるので、もちろん説明して提案書は渡していった。

古い空きアパートの話が多かった。私たちが見向きもしないので、「いよいよそういう地主さんを探してみましょうかね。社会貢献と地主さんの用地保存の意味もあるし、もしかして、ということもあるでしょう」と親切でもあった。

そのころ、今後のもう一つの案として、調整区域に高齢者グループリビングを建設することができるように働きかけたらという話もでた。

確かに社会福祉法人の法人格をもっていれば調整区域での建設が可能なことでもあることから考えて、方法の一つとして探っていく必要もある。これは将来にかけて提案し働きかけていくよう検討していくこととした。

4　候補地探しが始まった

第一の協力者が現れる

私たちが開発したこの種の暮らしは高邁な理想といえるけれど、国・県の施策のなかに位置づけされてはいないため、協力者を求めることは至難の業といえる。

設計者の最上さんが「土地をご覧になりますか」と場所を示され、井之川さんと私を案内された。駅に近いメインストリートの一本奥、一五〇坪の用地で便利な地のりであった。

土地の真ん中に立って四方をよく見きわめた。北側に大きな屋敷があり、りっぱな植木が並んでいる。

この場所に建築基準にそってぎりぎり二階建てだと、北側の家の庭の樹木がかかってお隣りの日当たりに差し支えて迷惑がかかっちゃうな、「どうなんだろうか」と考えて南側を見る。

南隣の用地は現在空き地。そこは商業地域なので何階でも建てられる用途になっている。あとでビルが建って日照云々で騒いでも、相手様には通じないかもしれない。

「希望の三〇〇坪より少し狭くても駅に近い。こんなよい条件は、もうないかも」と思った。自分が生活することを考えると早く作りたい、というあせりも少しあった。いろいろと考えているうち何日か経過してしまった。

土地なし・金なしの計画案の私たちにあつかましいことは言えない、しかしネ……と話して、また数日経過し、やっぱり断ることにした。断る勇気をもとうと考えた。

心を入れ替えて、また研究会はおもしろく、こつこつと進んでいた。

楽天家なのかしら？

建設省の制度を検討

九八年春、あちこちに提案しながら、とうとう建設省の住宅局へも足を運んだ。建設省の「高齢者向け優良賃貸住宅制度」である。

建設省の担当者はグループリビングの建設に前向きで、熱意をもってていねいに説明してくれた。

私たち研究会員五名でこの制度についてあらゆる角度から検討した。

ここでいう事業主体は、住宅・都市整備公団（現・都市基盤整備公団）、地方住宅供給公社、ほか農業協同組合も可で法人格であることが必要。しかし私たちの設置母体ＣＯＣＯ湘南はＮＰＯで、ＮＰＯの制度は出発したばかりで制度として日が浅いので、ＮＰＯでは法人格が不足しているという。

ＣＯＣＯ湘南の計画内容は、建設省の制度の認定基準以上の質を確保しているので、制度は適用できると話しあった。しかし居住者二十人以上の住宅建設であること、公営住宅を補完するものという縛りがあるなど、私たちの計画とは合わず無理があった。

私たちの研究会で開発した住宅と暮らし方は、「自立と共生」であり、生涯型。地域住民となって、地域の社会的資源の支援を受けながら元気印に暮らしながら老いていくものである。

建設省のものは、高齢者住宅をたくさん供給することが主眼であり、私たちの構想とはほど遠いものなのだった。

建設省としては、高齢社会への住宅供給が間に合わないので、この制度を出発させたらしい。これも高齢者の住宅確保には役に立つはず。しかし、高年者の健康や地域とのコミュニティをどうとるかが欠落していることは事実なのである。また、バリアフリーの住宅だけ供給し、介護や病気のバックアップ体制についてふれていなくて、緊急時対応の義務づけが明確でない。

ＣＯＣＯ湘南の十人の暮らしは、心と身体の健全な暮らしをしたい、地域との交流型、小グループで地域住民の一員として、地域の人々としてともに生きていくのであって、大きい高齢者用の住宅だけの供給では私たちの目的にほど遠い存在になってくる。

縛られたくないから、自力で協力者を

実はこの建設省の制度を検討しているとき、法人格だけが不足しているだけで、入居者人数以外のほかの条件は満たしているのだから、いっしょにやってくれる法人格組織に働きかけてみてはどうか、という議論もでた。

しかし、十人という生活者の人数を増やしたくなかったこと、大きな建物だと木造二階という味わいは消えること、そしてなによりも話題になったのは、入居者は公募・抽選方式で入居者選考に縛りがかかり、私たちの研究会ですでに入居が決まっている人でも入れるかどうかはわからない。

また協力をほかの組織に求めれば、その組織が運営主体になるので、私たちが考えているようにユニークで自由な発想、個人の生活を大切にしつつ運営にかかわることができるかどうか。助成という金に縛られ、組織に縛られ、私たちが提案しただけで終わりそう。

私たちは建物を建てるためのコンサルタントの会社でもない。自分たちがかかわり、支援し暮らしの計画内容を充実させながら目標を達成させるのだ。そこのところを充分に検討し、当初の通り自力で協力者を求めていく方向へ進むことで一致したのだった。

ついに用地決定！　協力者はおいしい梨をつくった人

行政の協力は得られないと覚悟し、自力で協力者を求めることに決めたところ、第二の協力者と話しあう接点を取り持ってくれた最上さんと、地主さんを訪ねることができた。一九九八年六月のことだった。

案内されたのは小田急江ノ島線の湘南台駅から徒歩約十二分、市の総合図書館へも約三〇〇メートルという三〇〇坪近い梨畑であった。

この湘南台は区画整理が終わって十年余。地主さんたちの協力で公園用地や緑地が提供され、貴重な空間が保たれた、やや郊外型の地である。

土地の人に話を聞くと「昔は竜巻が起こった地で、風は強く吹くし、湿気も多い地だったが、いまは下水道が敷かれたり、緑が繁ったりして住み心地のよいところになったよ」と話す。

その梨畑では、ちょうど梨に袋をかけている時期のようだった。立派な幹一本に、三〇〇個くらいの梨ができると聞いてびっくり。

二七六坪の地は四角くて、南に六メートル、西に六メートルの道路があり、静かな環境である。敷地内には井戸があり、飲めないけれど泉のように湧き出て水量が豊富だと話された。地主さんが掘れたのだそうだ。

その後、地主さんに私たちの計画を話し、相談にのってくれ、ＣＯＣＯ湘南の計画案を了承してもよいとの回答を得た。そして八月の末に収穫が終わったらどうか、という話になった。

協力してくださる地主さんが出現し、いよいよ現実味をおびた話になる。一人一人、責任感をひしひしと感じたときであった。研究会が話しあった家が建つ、しかもそこに私は住居を移すのである。しかも他の九人と暮らすのである。

その後、紆余曲折もなく信頼していただき、具体的な費用の問題や家賃、駐車場賃借料などの案を作り上げ、税理士さんやオブザーバーの弁護士さんにも相談しつつ、ついに契約の案をまとめた。だいたいの生活費などの計算はしていたが、土地が決まり具体的な費用の算出をする。一括して出せる範囲と、家主さんの負担とのかね合いを考えなければならないことが必至条件。そのほか、備品の費用、生活費の計算など、グループホームの体験を生かして、毎夜毎夜電卓にかじりついて案を示していった。

‡巻末資料　建物等賃貸借予約契約書（モデル）　二四六ページ

5　行政への補助金申請

前例がない、という断り文句

提案書のはじめの二百部はすぐになくなった。再版は、借り上げ型で建設が決まり、地主さんと予約契約の段階で予定地を書き込んで五百部印刷し、五〇〇円で頒布した。

そのころから、横浜や県外からも伝え聞いて、提案書を求められる人が多くなった。

用地が決定してからは、「提案書」が「実施計画書」となり、用地の所在地、構図、測量などの資料、建築平面図、全建築バリアフリー住宅であるが、とくに留意したバリアフリー部分と設備に配慮した図面を作成した。

ほかに、建築費にかかる見積書、備品計画と見積書、介護支援ネットワーク書、建主の建築承諾書などなどを添付して、行政などに建築費の補助の協力をお願いした。

行政に対しては、とくにバリアフリー部分建築費の四分の一の補助について話をしていった。

市と再三話しあい、県に提案書を提出、国へも働きかけた。

市は市民の身近な行政機関であり、熱心に理解しようとする姿勢であったが、他機関同様「評価するが、前例がないのでむずかしい」という。

さらに話していくと、検討課題にしたいので、実施計画の細部にわたり資料を求められた。それも提出して検討。しかしけっきょくは「財政困難であり、新規事業は望めない、これからの検討課題として考えていきたい」で幕となった。

が、そのころからＮＰＯが乗り出して運営する高齢者グループリビングは、日本で初めてだということがわかった。ＣＯＣＯ湘南が開発しようとしているのは、非営利であるばかりでなく、高齢者の住宅として質が高いものであると評価される。

ＣＯＣＯ湘南の研究会では、金持ちではなく、さりとてそこそこ個人で分担できそうな個人費用で開発したもので、高齢者の暮らしに許せるぎりぎりの線、それが質が高いと言われてさらにびっくりした。高齢者の暮らしを位置づける日本の程度がわかるのであった。

厚生省のモデル事業に申請

厚生省の高齢者バリアフリーグループリビングモデル事業の申請に着手した。

当時、国二〇〇万円、県二〇〇万円の補助であったが、市が二〇〇万円出そうということになり、また改めて書類づくりに邁進した。市も、私たちの計画がはじめてのこととしつつも評価し、これからの大事な課題としてこのグループリビングの計画を支持してくれた。これをせめてもの誠意と受け止めた。

結果として、厚生省は、高齢者バリアフリーグループリビングモデル事業を変更して、「高齢者バリアフリーグループリビングモデル支援事業」として、以後、この要綱で続行することとなった。どういうことかというと、「モデル事業」は単年度の実験であり、「モデル支援事業」は今後普及していきたい事業という考え方なのであった。

ここまでは進歩。しかし普及するには、全自治体に本腰を入れさせるために、自治体の財源配分を考えて、次のように補助金額を改めた。

旧　国二〇〇万円　県二〇〇万円　市二〇〇万円　計六〇〇万円
新　国二〇〇万円　県一〇〇万円　各市町村一〇〇万円　計四〇〇万円

つまり、合計の補助金額が当初六〇〇万円だった予算が、四〇〇万円になってしまったのである。申請時当初、神奈川県も藤沢市も予算化しているのに、厚生省の諸要綱で支出できなくなってしまったのだ。私たちは「二〇〇万円欠損してしまった痛手をどうしてくれる！　国は、詐欺行為をした」と怒っていても始まらないが、何とかしなくてはならないだろう。

結論は出たが、その間のやりとりはまさにいじわる官僚の一端を見せつけられた。

この変更の回答を聞いて、一歩前進二歩後退なんてことに慣れてはいても、灰色の気持ちになった。

十人のグループリビングは有料老人ホーム?!

県のモデル事業担当の人は、熱心に書類を見て、訂正個所の手続や指摘など対応してくれた。そうやって、やっと書類も整い、申請の受理寸前に、担当外の有料老人ホーム担当者が、福祉法の辞引を持ち出して、入居予定者「十名」という人数に口を出し始めた。「グループリビングは六～九名。十名は有料老人ホームだ」と言い張るのであった。

厚生省の文書は、生活する人数の望ましい姿をいっているのであって、たとえ一人か二人若い人が住んでもよいのでは、と幅が広くて先見性があるのである。

しかし、この担当は「いかにしても実権は俺様ダー」という意地悪い顔をして持論を展開する。

少々議論してみて、ぱっと私の口からでた一言。

「十名中九名が生活者、一名はコーディネーターである」。

黙って引っ込んでしまった。

隣から口出す人キライ！　と思った。

「これがパブリックサーバントなのかネ」と、憤懣やるかたない私はプンプンしながらも、井之川さんと申請書を預けて帰ることとした。

結果、当初の補助予定金額六〇〇万円が四〇〇万円になり、このうち三〇〇万円はホームエレベーター分、残り一〇〇万円は備品費となった。

［第6章］　入居者決定、そしてついに完成！

1　公開説明会——これはまさに自分のこと

真剣な目、目、目

九八年十月の日曜日、ＣＯＣＯ湘南台の公開説明会。

説明会には四十名が参加された。女性三十二名・男性八名。市内外の皆さんであった。

参加理由はさまざま。グループリビングとはどんなものか、利用してみたい、先々の不安を抱えているから将来のために聞いておきたい。ただいまグループで研究中などなど、これからの課題として参考になるから聞いておこう、とする人々が集まってきた。年齢層は四十代から八十代とお見かけした。

一缶のコーヒー類を飲みながら、「地域に抱かれて、共同して」の旗印のもとに、元気印で生きていこう、というＣＯＣＯ湘南の考え方から説明は始まった。コンセプトを説明していく研究会員井之川さんに四十余の視線が一本になっていった。

こんな真剣な表情の裏には、高齢社会への不安が背景にある。孤独、寝たきり、病院の白い壁はいやだと抵抗している姿にも見えた。

住居の構造について設計した最上さんが説明し、引き続いて私はどんな暮らしを描いているのか、また社会的資源である行政や近隣の保健医療・福祉機関とネットワークして暮らす方法をどのように考えているか、費用の積算などについて説明した。

ここで呆けたらどうするか

参加者の関心は「病気や呆けたらどうするか」「提出された費用は、自分が出せる生活費と見合うかどうか」の二点に集中した。

まず、ここで呆けたらどうするか――。公開説明会以外でも、七〇％以上この質問が出される。詳細は付録のQ＆A（二一六ページ）を参照してほしいが、考え方としては一般家庭と同じである。

皆さん、将来はみんな呆けると思っているらしい。孤独であったり、ある日突然ショッキングなことにであったり、人つきあいをしなかったり、大病をして必要もなく長く入院していたり、呆ける原因はさまざまだと思う。

日本人は「呆ける、呆ける」と不安になる要素をもっていることは事実だろう。日本人のからだの素因ではなくて、社交性の問題も多いと考える。

東南アジアの人々は、宗教行事を中心に人と人が交わっているし、ヨーロッパの人々はボランティアや余暇を上手に楽しんでいる。日本人のように、もし六帖間にこもって上げ膳据え膳で毎日テレビの前に座ってごろ寝していたら、呆けないほうがおかしい。

以上は、私の見解でもある。

食事づくりからの解放？　それとも…

食事づくりについて、質問はおもしろく展開された。女性の関心は食事づくりでもある。三十年から五十年、献立を考え、材料を仕入れ、調理をしてきた女性の思いが、ここで二通りにわかれる。

——食事づくりからはなれたら呆けちゃう！

——もう食事づくりから解放されたい！

「主婦から食事づくりを取り上げたら呆けてしまうのでは」という意見がある一方、「今まで何十年と自分と人の食事づくりをしてきて、それから解放されて自分の時間がもてるから、こんないいことはない」と反論もあった。ＣＯＣＯ湘南では、後者の意見を生かしていく。

参加者は、食事づくりからの解放感を求めるのは当然だと思う人が多いようだった。

「私つくる人、僕食べる人」の夫。「メシ、フロ、ネルかカネ」の息子。こういう縮図に耐えていたのだから、食事づくりからの解放は女性の第一の解放でもある。

もちろんお料理は私も大好きだ。趣味としておいしいものを作って、家族や友人達を喜ばせたり、新しいメニューに挑戦したりするのはストレス解消に役立ち、自分のためにもなった。料理が好きな人は人様を招くのも苦にならない。しかし、義務としてやらなければならなかった何十年は、ご苦労さんに尽きる。

説明会の二時間はまたたくまに終わって、その後、ＣＯＣＯ湘南台の現地見学に十数名が出発した。

アンケート調査から見えてくること

当日参加していただいた方に、アンケートの記入をお願いした。将来のためにも意見を聞いておこうと窮余の策で、少々不備ではあったが、四十名のうち三十五名が記入しておいてくれた。

ＣＯＣＯ湘南が提案した基本計画案に対しての調査なので、研究会発足前であれば回答も違ってくるはずであるが、参考にしたい。

「（将来）どんな所に住みたいですか」という問いでは、自然が多く静かな郊外型が多い。しかし、「都市型」で駅にも買い物にも便利な街の中も意外に求められていることもこの結果からは窺える。これは地域の人々と当たり前に暮らすことなのだ。

私もやや郊外型を求めていた。施設が人里離れた山の上などにあることも多いが、そのようなところにはノーがつきつけられている。

費用については、入居時の三〇〇万〜四〇〇万円は、そのくらいはまあまあ必要かも、ということで、生活費についても月額十三万六千円から十四万円（家賃込み）の額は、二十八名が適当だと答える一方、月額十万円くらいで利用できる方法はないものか、との意見も数人あった。

たぶん、遺族年金が月十二万〜十三万円の人も多いと思う。またそれはそれなりのプランが必要になってくるだろう。

生活費月額十万円という額は、政府や自治体が個人の所得に対して、家賃の補助制度を弾力的に運用していけば不可能なことではないと思う。

現在藤沢市の家賃補助制度は、七十歳以上・市県民税非課税・家主から追い立て（家主が家を取り壊すなどが原因の場合）という条件が整った場合、家賃の二分の一を助成する。ただし、家賃は七万円を上限とし、その二分の一の助成なので、助成額は三万五千円が限度額である。

この制度の適用が受けられたとしても、月額十万円の生活費には追いつかないが、よい方法はないだろうか。模索していく必要がある。

日本の制度そのものが、なにごとも枠を決めて、その範囲内としている現状を今後は個人主体の助成に切り替える抜本的な改革をしていく時代ではないか。

2　生活者十人をどう決めたか

自立と共生のコンセプトを理解できること

基準の好きな国民なのかもしれないが、入居者を選ぶのはどのようにしていくのかと興味深く聞かれる。

付録のQ＆A（二一六ページ）に示してあるような形で、提案書にも入居しようとする人の参考に答えている。

高齢者である事実を示すために、世に言う六十五歳と書いてあるくらいで、性別や思想・宗教で何か基準にしようとしていることはない。排除の論理はどこにもない。ＣＯＣＯ湘南の誰かが決めるものではなく、最後は自己決定なのだと思う。

さりとて、ガラガラポンと抽選で決めればよいとは思っていない。「自立と共生」――いっしょに学び合い、助け合いのテーマを大切にしたいから。

説明会出席者に公開説明し、また、小グループにも招かれて話し、そのなかから約二十人の入居希望の声が届いた。

その後、希望者や家族からの質問を受けて答えていった。

建設現場も各々で見てもらった。工事中の現場で働く皆さんが、棟上げができた柱の中へも案内してくれたと聞く。洋服でいえば仮縫いもできてないときだと思うが、現地を確認していくことは勧めた。骨組だけで、住居の夢なんてもてる代物ではないが、ほぼ住居の輪郭はつかめると思う。

定員十名といっても、共同生活十名であり、九名にコーディネーター一名、すべて同じ条件で暮らし、コーディネーター役はボランティアである。

今回は、研究会に参加してこのグループリビングをすすめてきた二名と、オブザーバーで応援していた人三名はすでに入居は決まっていて、残りの定員は五名である。

COCO湘南研究会で一応の入居者選考委員会はつくったけれど、プライバシー、その他を考えたり、訪問して話しあっていくケースワーカー的な作業からかかるには、選考委員会形式では無理があった。

そこで、私と研究会員の真野さんと最上さんと複数が入居希望者の訪問に当たることとなった。

一人一人の方からお話を伺う

まず、入居希望者のお宅に訪ねてお話を聞いて、その人が暮らしに描いているイメージや希望を聞くことから始まった。家族との関係で喫茶店で会うこともあった。

一人一人が自己選択して、自分が「ＣＯＣＯ湘南台に住みます」とまわりに宣言する方法と時間は、相手のスタイルを尊重したいと思ったからでもある。

一人二〜三回は会うことにした。そこでは一人一人、それぞれが歩いた人生のお話を聞いて、事実は小説よりも奇なりの言葉を実感した。

親から決められた結婚から出産・子育て、双方の両親の介護、離別。子育てのために働いた大きな手、だまされたり裏切られたり、乗り越えた人生六十年から七十年の歴史のページは分厚い一冊のドラマのようでもあった。

私はただ感動して「おえらいなあ」と思ってしまった。

滝のように語られる一代記、ポツリポツリ静かに小出しに話される人、一方的に質問のみの人と分かれている。

私は過去を伺うつもりではなかったけれど、自分で入居を決められる前提としての過程であり、そうしてここで過去を整理されているようでもあった。そして新しい第三の人生へ歩もうとされているのがよく見えるようだった。

入居するかしないかは自分で決めること

会うこと二回、相手によっては三回になったこともあった。

なかには家族を説得してほしいと言われた人もあったが、それは断ったし、また、月々の生活費について、息子と弟が分担するからとの話も、ほかの工夫でできないかと案を出してみたこともあった。人に生活費を頼ると安定して毎月が暮らせず楽しくないし、もし何かの理由で送金がストップして非営利の民間グループリビングの運営に支障をきたすと、本人にとっても不幸なことだと思う。

入居希望の裏には、その家庭の事情も見え隠れする。ある人は、本人より家族の希望が強いとも聞いた。よくよく聞くと一時の避難所と考えてのことだった。「うちは姥捨て山じゃない」と言いたかった。

二十名のうち、家族の反対、動物嫌い、その他で七名となった。二名をお断りしなくてはならないので、現在若い年齢であり、落ち着いた暮らしを続けられる方に、ほかの良質なホームの情報も教えて断った。そのとき「あなたと会って、あなたとなら信頼していけると確信をもっていたのに……」と残念無念の言葉を寄せてくださったのにズキリとしてしまった。土下座に近い方法であやまった。

十月末くらいからはじまった入居者決定は、三カ月かかって、最後には、男性一名、年齢は八十代二名、七十代六名、六十代二名と研究会の考えたような構図に、それも自然に調整されていった。残すは十人十色の相性であった。

決定生活者のメンバーと懇親会

九九年一月、入居が決まった十人とＣＯＣＯ湘南の役員とで昼食会を開いた。

会場を借りて、これから私たちの食事を作ってくれることになるキュービックのお弁当（千円）を食べながら、なごやかな自己紹介や交流が始まった。昼食会は二回行なった。

津田さん（男性）の娘さんは二人とも独立して家庭を築いているので、入居の父親は一人暮らしだった。「パパ、幸せになってね」と、新しいコミュニティの懇談会で喜んでいたのが二月のころ。

三回目は入居契約手続や、生活費などの銀行引き落としなどや、カーテンのオーダー、その他の相談を受けたり、テラスへの注文など、細かい話の会になっていった。

部屋は一階五室、二階が五室であったので、希望を聞いて決めることにした。犬を飼う私と向井さんとは隣になった。津田さんは一階の入口近くを希望され、それぞれにうまく譲りあったところもあったが、円満に決まった。鍵の色の希望を聞くと、皆さん異なる色を求められるので、またピタリと運んだ。残りの色は、コーディネーターとサポーターが使うことになった。ちなみに私の色は黒。

三回目にはみんなで逢うことが楽しみになったと話されていた。

夕食のとき、少しはお酒を飲む話、僕は焼酎、私はワインとか、皆さん酒豪ではないが、九〇％の人は賛成、一人は甘党・辛党両党となごやかな笑いも爆笑もあったりして、打ちとけていくのが目にみえてきている。

ＣＯＣＯ湘南の研究会もホッとした日であった。

3　入居応募で見えた人生の明暗

ハードルを越えるとき――向井さん・小寺さん姉妹の入居の決意

「あんずの花が今年はいっぱい咲いたの」と長年親しんだ庭を眺めながら、育てた樹々への別れを惜しんでいるかのような向井さんと小寺さん姉妹。

「お庭の木を運んでもいいのですか？」「もちろん」と答えると、表情がやわらいで樹々にウインクしている笑顔が美しかった。

八十六歳と七十七歳である。

「この地で終わりたい、いやとても不安。でも二人でやれそう、長らく住んだ地域のみなさんは親切だし、犬のトン平ちゃんといたい」。時計の振り子のように心が揺れていた二～三カ月があったが、姉妹で入居することとなった。

住居は藤沢市の大きな公園に面していて閑静な暮らし。ただただ買い物の往復には長い坂道があって、それがだんだん身に応えてくるようになってきたという。そしてこのままで、もし判断能力がなくなってきたときどうなるか考えてみて、がんばりすぎるのはよそうと、入居を決めたと話された。

愛犬トン平クンといっしょにＣＯＣＯ湘南台に行こう。「この子は跡目相続だから」。

日本では、いまだ犬や猫と同居できるマンションもホームも少ない、ほとんどないかも。イギリスなどは犬や猫は大事なパートナー。しつけさえしてあれば、どこのホテルでも泊まれるし、私が泊まったホテルでも犬同伴者が二組くらいいた。

明治に生まれ大正・昭和を歩いた一代記を伺っているうちに、二時間は瞬く間に過ぎてしまった。現地をご案内したりして、再度具体的なタイムスケジュールなどの話を伺うことにして帰ってきた。

二度の訪問では明治の人の生き様に学んだり、驚いたり、感心したり、たくましいエキスを浴びたりして、生きたドラマを聞くようであった。激動の時代を生き抜いたたくましいエネルギーをもらっていた。

生粋の江戸っ子気質って、こういうことなんだ、ぐじゅぐじゅしてないんだ、スパスパ楽しく言ってのけるんだ。このパワーがＣＯＣＯ湘南台に必要かもしれない。

息子の言葉に揺れる母親

入居ギブアップ組の典型的な理由が見つかったのが、経過の中で印象的なことであった。

犬と住むのが苦手という人も一人いたが、五人は息子の気持ちであった。別居してはいるが息子の返事待ちである。

この点では、この機会に息子が母親とともに住み、最後まで看取るのかどうかを確認するチャンスかもしれない。

「息子からマンションの六帖間はママのためにとってあるのに……といわれたの」

ご本人は一緒に住む気はないけれども息子の意向も大事にしたいし、迷ってしまうのであった。

「息子夫妻がきて、母さんどうしてそんな気持ちになるの。私たち夫婦を信じてほしい」といわれ、娘のほうは「このＣＯＣＯ湘南台のチャンスを逃してはいけないわよ」という。

しかし別居中の息子さんに気持ちは支配されている、そして入居を説得してほしいと依頼されることもあった。

私はご自分のことだし大事な第三の人生、ご自分が決めなければならないと思う。私はどなたにも、説得するようなことはしないと断ってきた。

グループリビングに息子が反対したなら、息子と生涯幸せにね、でおしまい。

話しあうことができない親子

息子夫婦と住んでいる母親の安田さんは、グループリビングを選択しようと思うとき、提案書を読んで話を聞きに行くのも息子には内緒なのである。

「内緒にしてくださいね」と言う。

グループリビングを使う使わないは別として、「こんなのが出来るそうなので、説明会に行ってみるわ」とアッケラカンと言ってしまえば楽なのに、と思う。

親子の関係は、とくに母と息子は複雑に絡み合っているらしい。

提案書を息子に渡したら「こんな理想は嘘だよ、いんちきだよ。あとでお金をうんと取られたり、問題多いし、俺が調べてみるよ」と言ったきり、何も言わないのだと話された。

十六人で相当綿密な検討をして開発し、非営利で、しかも研究費は全員自弁でやってきたことなので、私はすごく傷ついた。いままでの有料老人ホームの暗いニュースを見てのことだとは思う。

「息子さんに心ゆくまでお調べくださいと伝えられたらいかが……」と言って、話をきった。

この安田さんは、これも息子、あれも息子。たとえ入居しても同じことで、息子が代弁者で本人の気持ちは出せないのではないだろうか。もしかして、そんな息子さんから自立してみたいのが、母親の本心なのではないかとも同情したが……。あとの祭りである。

私自身は、どんなことでも受け入れて、いっしょに工夫して話しあい、目的に近づけたい思いが強いけれど、受け入れの限界もある。

実は、あとで聞いた話は馬鹿げていて笑ってしまった。

「女が考えたり、開発したものなんて甘っちょろいんだよ」って息子に言われたと、またまたダブルパンチ。私はおおいに傷ついたけれど。

それだから日本は変わらないのだ。「よし、困っても女性に甘えんなよ」と言ってやりたかったが、ばかばかしくて笑った。

４　建設がはじまった

梨の大木が消えた

一九九八年八月、梨の木が一本一本切り倒され、最後の一本も消えた。十五年以上も一本に三〇〇近い実をつけて働いた梨の木である。

地主さんが手塩にかけて、袋をかけて虫から守り、草をとって育てた昔ながらの甘酸っぱい香りと

写真１　整地が終わって

蜜の味がする梨だった。最後の収穫の日にはその梨をわけてもらい、友人にも届けたり研究会にも運んで、みんなに一個ずつわけて味わった。地主さんの味が滲みる。

その前に、研究会で「庭に梨の木が一本あるといいわね」という話がでて、残してもらえないかと地主さんに頼んだら、「なーに、梨は手入れがたいへんだよ」と話された。

私たちの提案書に対して、一言「いいでしょ」と建設を許可してくれたその瞳は語っていた。素人にはわからない苦労があるのだった。ポツリポツリと「朝は四時、まーだ暗いうちに起きて、畑の近所のうちの戸が閉まっているうちに消毒もしなければならないし、草取りをしないとヤブカラシがいっぱい出て、木にからまっちゃうしね。袋つくり、袋かけ……」。八十歳に近い、しっかりした手の指に指輪がきらり。

畑にブルドーザーが入り、二七六坪一面、黒土の大地にかわっていった。

用地の南側に六メートルの公道があり、そこで足を止めては工事の進み具合を眺めている近隣の人々の姿があった。敷地の角には「ＣＯＣＯ湘南台」の看板が鮮やかに光を浴びていた。

大安の日、地鎮祭は小雨

九八年九月二十八日は大安吉日という暦のよい日に当たっている。

大きな建物の基礎工事も終わり、木材の香りがぷんぷんただよう柱が立ちはじめた。二十人の職方で屋根をあげ、いよいよ地鎮祭の日を迎えることになった。

大きなテントに紅白幕、そのなかに祭壇が作られ、山海の珍味、酒、野菜などが捧げられて、水色の衣装に黒の木靴、しゃくを持っての神主の祝詞が十分くらい読まれる。

それが無事終了すると「直会《なおらい》」と言って、地主さん、建設をすすめる株式会社湘南営繕と管理会社の湘南アーキテクチュアの社長さん、職方さん、地元銀行の支店長さんで軽いお膳を囲む。ＣＯＣＯ湘南研究会員も十二名参加した。みんなで六十人は越していたと思う。

建設会社の最上社長のあいさつなどに続いて、銀行の支店長さんが大学の応援歌を身振り手ぶりで披露され、にぎやかに盛り上がった。

私たちも、この日のお祝いにと紅白の丸餅を一〇〇組作ってもらって奉納した。

何十本の柱とあがった屋根。すごく大きい建物である。ＣＯＣＯ湘南が三年間かかって研究し、開発したバリアフリー高齢者グループリビングが身近に見えてくる。

いよいよ出発！　喜びと緊張が交互に頭と心をめぐりつつ、紅潮したみんなの顔は希望にみなぎり輝いていた。朝からの小雨もやんで、曇り空の下を晴れやかな心で家路についた。

グループリビングＣＯＣＯ湘南台、完成！

湘南台七丁目に建物の姿が広々とした南の庭にくっきり見え始めた。

写真２　みんなで描いたグループリビングの形が見えてきた

近隣のみなさんや道を通る人々が足を止めて「老人ホームだって？」「何人くらい住むのかしら、大きいわね」などと立ち話をしながら去っていく。

紙に描いた図面は平面を上から眺めたものだったし、パースは美しいガーデン付きだが、しょせんＡ３判の絵なので実感がともなわなかった。

梨畑から東西南北を歩き回った。北側には歩いて三分のところに市の総合図書館。十分歩くと市の文化センターがあり、六百人余りが入れるホール、また近くにテニスコート、公園がある。西側には歩いて三分にスーパーや食堂など、生活に便利な立地である。

湘南台駅は小田急江ノ島線、横浜市営地下鉄、相鉄線の三路線が入っていて、神奈川の中心地横浜へも四十分足らずで行けるし、小田原・箱根といった行楽地にも近い。

七分ほど歩くと引地川の散策道があり、探検して歩く楽しみもありそうと、こんな素晴らしい立地で用地が確保できたなんて、夢でなければいいと祈るような心地がした。

地上に二階建てがまる見えになってくると、ここに十人が住むのか……いいなあ……と実感があふれてしまう。

職方さんの車が、一〇〇坪の庭いっぱいにひしめきあって、工事に活気がみなぎり始めた。研究会員もよく現場を訪ねているらしい。

職方さんが、「××さんが中を歩いて見られてましたよ」と話に出てくるころ、「まだ間取りがはっきりイメージに湧かないけれど、思ったより大きいものね」「ついに建っちゃったわね」「北側の部屋っていうのは、ちょっと無理しちゃったかもね。でも好きな人もあるって話していたし」「お風呂場、見た〜？　広いわね」、挙げ句の果て、「あの庭の草取りたいへんかもね」とか。自分が住んだ心地で電話が行き交う。

大きな台風にも見舞われることがなく、天候に恵まれて槌音が心地よく響いてくる。

5　地域に開くＣＯＣＯ湘南台の初公開

家見会

地域に開かれたものとする第一歩は、まず地元のみなさんに住居の中を隅から隅までご覧いただくことから地域交流が始まると考えた。

前から日本で伝わってきた儀式の「家見《いえみ》会《かい》」である。

「あれはいったいぜんたい施設なの？　それとも住宅なのかしら？」「なかはどうなっているのか？」などと、地域の方々の疑問もあるだろう。私たちの暮らしが始まってからではプライバシーもあり、

写真3　ついに完成。広い庭に直接出られる南向きの個室バルコニー

写真4　西側の玄関から。左のアスファルト敷きが駐車場

写真5　手すりがついたバルコニーの外階段。バルコニーは生活者のオアシスに

家屋の全面公開はできないから、皆さんが引っ越してくる前に公開しようということになった。

九九年四月十一日、日曜日ならご家族で参加していただけるはず。日程を決めて準備にかかる。建物の引き渡しが終わり、電気・水道などの調整に一週間と見て、その日がベストであった。

いよいよ公開日の準備が始まる。案内状（チラシ）を作成し、COCO湘南のボランティアが自治会長さんはじめ町内会近隣六十軒のポストに入れた。

研究会員の知人や市内外・県外のグループリビング研究会、ネットワークした機関、計二五〇件へも案内を郵送した。この費用など、井之川さんと私のポケットマネー。いくらでも出ていくけど「しょうがないよね」。二人のポケットマネーがジャンジャン出ていく。でも気持ちよかった。

当日のイベントは、家政のおり〜ぶのお得意の餅つき、部屋では研究会員のボランティアによるミニバザーと花売り。キュービックはおこわ弁当とスタッフの昼食を受け持つ。

スタッフは研究会員十名、ボランティア十名、キュービック五名、おり～ぶ八名、入居予定者の手伝い五名、建物関係からボランティア五名くらいの計四十五名あまりが揃った。

当日お渡しする資料も一五〇部できた。

グリーンと白の一風変わった、少々自慢のパンフである。どこが変わっているのかというと、小型のそれぞれ大きさが異なるカードを五枚重ね、字が少なくてＣＯＣＯ湘南台が全ぼうできるものにしたことと、刷り色はグリーン一色で、文字は白抜きにして目立つこと。

五枚のカードの組み合わせに少々手間取るので、印刷所から高齢者センターに委託して作ってくれたそうである。手仕事でしかできないカードの組み合わせは、やっぱり高齢者センターの技であった。

案内状を入れる封筒は大型白封筒にプリントゴッコで仕上げた。

私も井之川さんも、さまざまな施設の開所や生協店舗のオープンなどでこのような行事には慣れてはいても、ＣＯＣＯ湘南台の地域への家見会はひと味もふた味も暖かみのある風景が描けた。

さて、あとは気になるのは天候と来会者の人数のみである。

予想は全部外れ

四月十一日日曜日。四月とはいえ、雨が降っていささか寒い。

誰も口にしないが、心の中で準備したお餅もおこわも私たちが食べることになりそうだと覚悟していた。

しかし、十一時ころから寒い雨をついて次々とお客様はご到着。午後三時半までに、何と名簿には三四〇名の名前が連ねられた。

受付は生活者と友人たち。地域の皆さんと少しでも顔なじみの人が立ってくれた。こられた皆さんと私たちは交流して、改めて完成の感動に湧き、たくさんの人出に驚きと責任を感じて、みんな興奮気味。案内係で研究会員の井之川さん、小林さん、最上さんと私は四方八方皆さんにご挨拶しつつもゆっくりお話もできず、つい失礼してしまう場面もあったと思われる。

庭のテラスでは、餅つきの威勢のよい杵の音。きな粉、大根おろし、納豆のからみ餅が大好評で、私たちのお腹には入らないで消えていった。

お花屋さんの湘南ガーデンの皆さんが、鉢と切り花をいっぱい出品してくれた。これもまたたく間に完売。

一階の一室をミニバザーコーナーにあて、紅茶や砂糖などの食料品、衣類、雑貨などを準備した。よし介工芸館通所の版画家・大田君の版画も売れて、「商売ハン盛シタ」と素敵な笑顔でご機嫌で帰っていった。

二階の食堂・リビングでは、皆さんお茶を飲みながらのおしゅべりのひととき。

おこわは一〇〇ケース完売し、キュービックのみなさんが機転をきかせて、スタッフ用のおそばをあつらえて、どんどん運んでくれる。

大にぎわいの喜びのうちに陽がくれて、スタッフ一同感動で興奮がおさまらなかった。こんなに関心を寄せてくださるとは……。これも、これからの高齢者の暮らしの深刻さを裏付けているのかもしれない。

6　私の引っ越し

シンプルにシンプルに

若いときは、柳行李一つと布団一組で下宿屋へ引っ越した。それからすでに五十年。人生折々四季さいさいに、使った道具が驚くほど、次々押入の奥から目の前に引きずり出されてくる。どれを処分しようかと迷ってしまう。

えい！　思いきりが大切！　と自分を説得して、シンプルライフの計画にふみ出した。

COCO湘南台の個室の家具配置を決めるのに、友人は十五帖の縮小版を方眼紙に書いて、何日もかかってミニ家財をつくっては当てはめてみた。洋服ダンス、整理ダンス、ベッド、小机、椅子、テレビ、小本棚、それだけでもういっぱいだ。

COCO湘南計画ができてから、友人たちに声をかけて、使ってくれるものに赤い札をつけてもらう。これから住むCOCO湘南台は、藤沢市の総合図書館の近くなので、大きな近代的書庫を持っているようなものである。だから本は〝いらない〟。三千冊の本はブリタニカを残して、友人にあげたり、古本のスーパーに引き取ってもらったり、資源ゴミの日に半年かかって出す。

COCO湘南台で利用する大・中・小の鍋、食器類の厨房用品は、私が毎年大晦日に障害者や高齢一人暮らしの方々へおせち料理の配食のボランティアをやっていたこともあって、十客以上揃ってい

るものもあり、当面買わないですむ。

私が持参するCOCO湘南台用品を友人が包んでダンボールに片づけ、リストナンバーと品名を書いて積み重ねると、みかん箱くらいのが六十箱、COCO湘南台行きとなる。

設計者最上さんと相談して、はめ込んで利用できる質の高い家具は、共用部分で使うことにした。

赤の名札もたくさん付いたが、まだまだ残る。友人たちから「こんなときは考えるものじゃないのよ。必要な物を最小限にして、持っていく物を決めてから、あとは全部始末すること」との助言を得た。方針を転換したら、すっきりしてきた。

必要最小限に！　その他は、資源ゴミ、不燃ゴミ、燃えるゴミに出し続けること三カ月。だんだんおもしろくなってしまった。周辺ががらんとしてくるたびに、気分がすっきりしてくる。「夕鶴」のつうではないが、からだがほっそりしてくればくるほど、心も軽くなってくるのに味をしめた。友人との合い言葉は「シンプル、シンプル、シンプルライフ」であった。考えてみれば、自分のものを自分の手で片づけて始末していくのは最高である。

このチャンスに乾杯！

辛いお別れと友情と

四月二十七日、晴れ晴れとした夜明けを迎えた。

早々、手伝いに駆けつけてくれた男女の友達、眠たい顔はしていられない。気配を感じた犬のルルも猫のさくらも、飼い主の私にくっついて、私と友人の顔ばかり見つめて「何が起こったのか」とそわそわしている。友人と猫は、ＣＯＣＯ湘南台にいちばん乗り。犬はトリミングを兼ねて犬の美容院に預けた。

八〇％の家具を没にしたつもりでも、積み込むものがたくさんで心配になった。手伝ってくれている友達から「よく片づいたわね」と言われ、「半年かかったのよ」と言いつつも、荷を出してもらいながら、また十点ほどの小物を捨てることとした。

三十年住んだ借家の二階がからっぽになった。男性陣が、何に使ったか忘れてしまったような細いコード類や、壁の鋲などをていねいにとってくれる。

この家の大家さんは私の女学校時代の恩師で、私が四十歳そこそこのときにここに呼んでくれた。東京女高師（現・お茶の水女子大学）出をおくびにも出さず、近所の人といっしょに歌い、お茶を入れ、公園で遊び、素敵な人柄で、ずいぶん学ばせてもらった。その、庭続きの隣の家だった。

親切な大家さんは「いつまでも一生いっしょよ」と可愛がってもらい、大きな四十坪もある二階家を自由自在に使わせてもらった。私も高齢になると、いつかここを去らねばならないと思ってはいたが、ＣＯＣＯ湘南台計画と移転については、恩師に話をすることができずにいた。いつかは先生に話さなくてはならないけど辛い。先生も八十三歳、たぶん「よかった」と言ってくれる人柄だが、先生の淋しそうな顔を見ることができなくて言い出せないともだえていたとき、予期せぬことに先生は逝ってしまわれた。

九八年十二月末、ご子息に「来年四月の話だけれど……」と言いながら、当時の私の心境を全部ぶちまけてしまった。どっと涙と疲れがでた。神妙な顔で「亡母は、前途を祝していますよ」と言ってくれ、「淋しくなる、心細くなる」と涙を流された。

引っ越しを言い出せないまま、先生のほうがさっと逝かれて、いつも私の活動に全身全霊で協力してくださった方だけに、不思議な気がしてならない。そんなことを二階のベランダから引地川を眺めながら思っていた。

すると下から声がかかった。

またまた予期せぬ友人鈴木さんからの差し入れ。「ど、ど、どうして今日のこと、知ってたの?」。大風呂敷に包まれた熱々のお赤飯と野菜などのお惣菜が、お皿とお箸も揃えて届けられた。「たくさん食べてね」。寡黙な友達の一言が胸に滲みる。手を休めて十数人で食べた。しゅんしゅん鼻声の私に「いやだ、風邪ひいたの?　しっかりして」の声に、「おこわにむせちゃったのよ」と涙をごまかしてへらへらしている自分。もし、いま泣いちゃったら、先生のこと、この昼食の友情、手伝ってくれるみんなのこと、いっぺんに吹き出して泣きやまなくなると思った。

夕方五時、荷を全部出し終えて、大家さんに確認してもらい、鍵をかけて湘南台に向かった。

ＣＯＣＯ湘南台の一階・二階の明かりと人影が見えてきた。

――とうとう来ちゃった。嬉しいのかしら？　ここが最後のわが家なのよね。もう引っ越さなくていいのよね。

テーブルいっぱいキュービックの皆さんの手作りのご馳走が待っていた。手伝ってくださった皆さんと夕飯のひととき。

猫のさくらは新しいクローゼットの布団の中で丸まって眠っている。「猫は家につくというけど、このコは平和ね」「でも二、三日は用心しないと、飛び出していったらかわいそう」。

犬のルルは、と言えば、美容院でエレガントになって、耳に四月の桜色のリボンをつけて迎えの車に飛び乗った。気分がのらず、しゅんしゅんと鼻を鳴らしている。

「ルルちゃん、新しい家に行くのよ。さくらが待っているのよ。大丈夫、大丈夫」。いつもはこの声かけで安心するのに、この日は聞く耳持たずであった。

ＣＯＣＯ湘南台の明かりが見えて、玄関で他の友人とともに生活者の田中さんが迎えてくれる。「ルルちゃん」と呼ばれ、みんなに会えてやっと安心したようだった。さっそく家中を一通り探検し、いつものドッグフードをお腹いっぱい食べて、積まれた布団の上でうとうとし始めた。

さあ、第三の人生の一日一日を大切に生きよう、ここでみんな自由にはばたくのだ。

今夜は犬と猫と三人、どんな夢を見るだろう。

第2部
10人10色の虹のマーチ

〔第１章〕　ＣＯＣＯ湘南台の生活ルール

１　生活のうえでのルールと心のかようルール

生活上の分担

ＣＯＣＯ湘南台の生活は、基本的な最低限のルールのうえで成り立っている。

自立と共生では、生活するうえでどうしても必要な生活分担があるが、それについては、**表１**のように決めて行なっている。

ここでは自分の個室はもとより、資源ゴミ・不燃ゴミ・燃えるゴミ当番、食事の後かたづけ、大浴室のお湯のスイッチ入れと最後の入浴者が水を流す当番などがある。一般の家庭と同じである。

生活者・運営主体のＣＯＣＯ湘南・支援ネットワーク機関、この三つの関係を軽快にするために、月二回の生活者のみのミーティング、月一回は食事を作るキュービックの人々との打ち合わせなどで、新しい提案をしあったり、いかに楽しく心地よく暮らしてゆくのか話しあって決めている。

表１　自立と共生の生活分担

担　当	内　容	分　担　＊は生活者担当
コーディネーター、サブ	医 食 住	＊見学会（第一日曜日） ほか、マスコミ関係の対応
渉　外	町内会·老人会·民生委員との連絡　ほか家政関係	＊３人
会　計	・ＣＯＣＯ湘南台関係 ・ＣＯＣＯ湘南運営関係	＊１人　ＣＯＣＯ湘南台 １人　ＣＯＣＯ湘南
清　掃	共用部分の清掃	２人　おり〜ぶ 月・水・金曜日
食　事	朝 昼と夜	個人 １人　キュービック
環　境	・資源ゴミ、不燃ゴミ ・可燃ゴミ、生ゴミ	＊２人 ＊１人
風　呂	・大浴室 ・小浴室	＊当番制 ＊個人
火気·防災·防犯	・１階 ・２階	＊１人 ＊１人
植物の手入れ	室内植物の水やりと手入れ	＊１人　80歳以上の生活者
ミーティングなど	ミーティングやイベント	＊コーディネーターほか１人
メンテナンス	エレベーター、給湯タンク、防災・防火器具	＊１人（会計兼任）
建物管理と補修	巡回、微修理、その他	管理会社 湘南アーキテクチュア
ゲストおよびゲストルーム	ゲストルーム客の接待とゲストルームの掃除など	ゲストを招いた人が調整

一人の「とき」とみんなの「とき」を大切に

なめらかなコミュニケーションは無原則ではない。心のかようルールが大切である。むしろ図１Aの部分で充分に全体の人間関係がつくれ、Bの部分でそれぞれの共生がつくられる。CとDの部分を大事にし、尊重していくことがCOCO湘南台利用者の求めている最大の目標である。

今まで子育てや介護、その他家事に追われたり、仕事や他の活動を余儀なくされていたとしたら、これから思う存分、羽をのばしていきたいと思っている。

一人の外出、ここで共感しあった友人とコンサート鑑賞、庭でのんびり土いじり、その合間にホームドクターへの健康診断や相談などと、むしろいまは行動と自分の健康管理が中心。おかしいと思うかもしれないが、それが元気印と活力を物語っているみたい。

E、F、これらがうまく融合しあっているとき、さわやかな笑顔が接しあうようだ。

これはCOCO湘南台内の循環機能である。

個々とその家族関係や仕事場の関係などで疲れたり、悩んだり、腹を立てていたりすることも当然ある話でもある。そのときは、A、B、Dの場面で自分の考えなどを打ち明けて意見を聞いたり、慰め励ましあっていけるといい。これからは、ぼつぼつお互いがカウンセラーになりえる「とき」が出来上がるだろう。そうしたら、万歳である。

図１　コミュニケーションの「とき」を大切に

★毎日　◎月々　○ときどき

A　みんなで顔を合わせる「とき」 ★昼食、夕食 ◎ミーティング ◎誕生会 ○入浴 ○遠足など	**D　個人の活動を大切にする「とき」** 外出は時間自由 趣味の活動 仕事（勤務） 文化・スポーツへ 花づくり・畑づくり ボランティア活動 ホームドクターへ デイサービスへ 来客や宿泊
B　それぞれが共同する「とき」 配膳当番 片づけ当番 防災・戸締まり 大浴室のお湯当番 ゴミ出し（資源、不燃、可燃） 生ゴミ出し（庭の土の中）	**E　ＮＰＯ法人 ＣＯＣＯ湘南の「とき」** ＣＯＣＯ湘南台見学会の説明など 医療・保健・福祉とのネットワーク その他、渉外全般
C　地域と交流する「とき」 【町内会】諸行事への参加（掃除、防災訓練、お祭りなど）、敬老会 【ＣＯＣＯ湘南台】 ○サロンコンサート ○ミニバザー ○バーベキューなど	**F　ハプニングの共生の「とき」** その他　生きている限りついてまわる新しい発見やハプニングがあったら、みんなで共生

地域と交流するとき

Ｃで大事なことは、自治会や老人会とのつきあいである。

自治会の個性もいろいろ経験してみたが、おだやかで民主的なこの地元自治会は、新しい住民と地元の人との輪がうまく進められている。一つには、地元の方々と会長さんがせせこましくなくてていねいなのである。

町内会費一世帯年額三千円となっているという。町会長さんに「十人なので三世帯分の会費でいかがでしょうか？」とお話ししてすんなり決まり、晴れて私たちも町内会員になり、二十二組としてもらった。担当の方が、資料をもって説明してくれ、何くれと親切にしてくださる。頼りがいのある方に恵まれ、民生委員さんがはす向かいの住居という利点にも恵まれた。

ときに町内会の美化清掃に出たり、どんど焼きに出たり、敬老会に招かれて大挙して出席など家庭と変わらぬ地域交流を大切にしている。

せせこましく割り入ったＣＯＣＯ湘南台は、南と西に六メートルの道路がある角地なので皆さんから丸見えで、「老人ホームかしら」「いや、あんな若い人がいるわ」とか言われる。私たち生活者がけっこうお洒落というか、明るい服装なのでそう思わせるのかもしれない。

2　コーディネーター

コーディネーターとは

グループリビングのコーディネーターとは、どこから生まれた発想なのか。そんなにむずかしく考えたわけではない。

「自立と共生」十人の暮らしの実験で家を造り、みんなで自主的にやりましょうよと言っても、ＣＯＣＯ湘南の運営委員がおりおり訪ねて相談にのることや、医療保健・福祉、行政とのパイプは計画通りとしても、生活者の間に立って調整していく人が必要だとは当初から思っていた。

最初は、十人が揃ってから暮らしの分担をしていくうち、調整にふさわしい人が受け持てばいいと思う、くらいに考えていた。

私自身は、いつも人々の力に助けられてきたし、誰でも思わぬすごい能力を秘めていて素晴らしい人に出会っていたから。

「自立と共生」。高齢者同士はいっぱいの宝をもっている。ちょっと生活者のみなさんの個性という殻をつついてみたい気もしないではない。

私ははじめから、そんなことの裏方をやろうとは思っていたし、たまたま研究会の発起人の一人でもある。

前にも書いたが、ＣＯＣＯ湘南台のコーディネーターという名付けは、他ならぬ私なのである。行政とのかかわりあいのなかで、「グループリビングは六人から九人で、十人は有料ホームだ」とがんばるイヤな人がいて、「はい、九人で、そこに私一人がコーディネーターとしてみなさんと平等な条件で住むので十人なのです」と、みんなに相談しないうちに前倒しで決めてしまった。

それで行政は通過したものの、この決め方は民主的ではなかった。しかし入居予定の皆さんを訪問したり、会って相談にのったのも私だったので、ママヨと自分で名乗りあげたのだった。

その後、コーディネーターって、どういうことをすればいいのか、いろいろな本を読んだ。「調整役で何もしなくていい」という解釈をしたら、私のボランティアとしてはまんざらでもなさそうだ。自然体でいこう。

私が本当にコーディネーターの当たり役かどうか、いっしょに住んでいる人たちの本音はまだ聞いていない。

コーディネーターは無報酬——生活者とは平等に

コーディネーターに報酬を支払っているのかとよく聞かれるが、それはない。

心のかようルールを自然につくるためには、コーディネーターも対等・平等。ほかの生活者と同じに入居金と一カ月の費用などを受け持つことから始まると思う。

報酬を支払えば格好はいいが、そうすると、いずれ管理人とまではならずとも生活者に頼られ、お世話しなくてはならない立場に追い込まれる。また、リビング（生活）をみんなでつくる意味が消えてしまうのではないだろうか。

同様に、地主さんや家主さんやその親戚が同居すると、やはり精神的な平等の立場が失われると思う。

ＣＯＣＯ湘南台のコーディネーターはこんな人

コーディネーターについて、ＣＯＣＯ湘南台の生活者たちは、どんなふうに感じているのだろうか。向井さんに聞いてみた。

——コーディネーターってどんな人で、どんなことをされるのですか？

そうね、あの人はじつは何もしない、何も言わない、細かなことを言わない。生活者に自由をくださるわね。

——困りません？　何も言わない・教えないなんて。

いいえ。生活しはじめの当初は迷いましたけど、自分で経験したり、探検するほうが覚えますしね。「洗濯屋さん、どこかしら」と聞いたら、「私も知らないの。探してくださらない？」とおっしゃるだけ。「さあたいへん」と街を探検したら、パーマ屋さん、スーパー、郵便局、すぐみんな近くにあるのがわかりましたよ。みんなで確認して情報を提供しあいました。

コーディネーターは「火だけは気をつけてね」と言いますが、そのほか、「物は壊れても直せばいいし」と言う人です。

——リーダーとして、どうですか？

いちばんいい人じゃないでしょうか。生活者十人中いちばん朝寝坊さん、食事の好き嫌いがいちばん多い、夕食時もいちばん遅く出てこられるし、掃除はへた、ちらかすのがいちばん。だからちょっと気になる人もいるかもしれませんが、気が楽ですよ。

他人がコーディネーターにお節介を出しても聞いてくれる。本人は「マゾヒストだから」って笑っているけど。四人姉妹の末っ子で、少しやんちゃ、自由が好き、お風呂が好き、お酒も煙草も好き、人間も犬も猫も好きなのね。それでいて必要なことはちゃんとできている。ユーモアで朗らかで、アイデア豊かでとてつもないことを言い出すので、みんなでしっかり判断していくようになるわよ。それにお料理好き。そう見えないけどニンニク焼き飯なんか、みんな大喜び。ただ、喜ぶと何回も作るからカナワン……。

生活者のほうがコーディネーターを管理しているみたいね。つまりそんな関係がいいのよ。

私たちのコーディネーターは地元・藤沢っ子だから、お友達がいっぱい。その方々が皆さん応援団になってくださるのね。コーディネーターは体が丈夫じゃないから、みんな彼女の健康を心配し、みんなでできることは協力しあって、「自立と共生」で生活しています。

コーディネーターから言わせて

私はカウンセラーをしていた経験があり、それも少々コーディネーターの役に立っているのかもしれないが、コーディネーターとしては、まずは「とき」をかける、「人を待つ」ことが大事かもしれないと思っている。

老人ホームなどを見ていても、どんどん世話をして片づけてしまう。本人の小さな残存能力も失せていって、生きる力も消滅し、かえって人手がたくさんいるようになってしまうのに、「いま」という時間にあくせくしている。

元気印に生きようとの合い言葉は、対等に何でもやろうということではない。一人一人の力を保てるように、自分の意志で動いていく喜びを得ることだと考える。年齢や体力や、精神力を自分で計算しながら、また相手の気持ちになりあいながら暮らしていこうとしている。

だから、専業主婦だった人、ぜんぜん食事づくりに関係なく働いた人、夫に先立たれて間もない人、独身でバリバリやってきたキャリアウーマンといわれる人々、いろいろの人がここでもう一度ゆっくり自分を見つけ直しているようだ。「本当は自分はこんなことをしたかったのに、今までできなかった」ということを探し出して、自由にその計画の土台をつくって、座り心地、動き心地のよい生活の仕方をつくる、自分の再発見、自分づくりをはじめられるといい。

一人一人が自分に満足してくると、人との調和が始まる。最初からＣＯＣＯ湘南台の暮らしのルール作りに手をつけてしまうと、自分を発見できなくなってしまうのだ。

そう理屈をこねているコーディネーターの私は、あたふたするのが好きではない性格なのかもしれない。逃げ道を知っているズルイ奴なのかもしれない。

3　名ばかりだけど、ミーティング

率直に話しあう

生活者のなかには週二日のデイサービスに行く人や、勤めに出ている人もいるし、趣味の会への出席や図書館通いなど、昼間全員が揃うということは至難である。

そこで、月・水・金曜日のいずれかの、夕食後の後片づけもおり～ぶさんがやってくれる日を選んでミーティングにあてる。

生活の必需的なこと、配膳、食器洗い、ゴミ、風呂などの当番の交替を話しあうことから始まることが多い。

食事の献立については、味の好みは十人十色なので八十代・七十代・六十代と年代によって考えを述べてもらったらどうだろうか、と三名くらいが委員になることになった。献立を見ながら、作る側のキュービックの松山さんとの話しあいの日も決まった。

「生活していてトラブルはないの？　高齢者同士はたいへんよ」と顔をゆがめて聞く人もあるが、何がたいへんなのかわからない。たぶん何かの騒動に巻き込まれた経験者なんだと思う。

つまり、簡単なことなのだ。

ルールをみんな熟知していれば心配いらないのだ。そのルールとは、子どもも大人も同じルールである。お互い個人的に気になることは、その人同士で話しあうこと、間接にではなく率直に直接に。それだけなんである。

人を介して話しあったり、人の言葉を借りて代弁したりしない。率直に話しあえば理解できる。これは誰でもできることだから。

少し努力のいる人と、普通に軽くできる人との違いはあると思う。悶々としても始まらない。そんなときはカウンセラーに相談するのも一つだろう。

「あの人がこういってた、この人が……」とか言っていると、たぶんこんがらがっておもしろくなくなる。みんなの合い言葉は「率直、直接に」である。

ただ、個性はあるし、大声、中声、小声もあれば、表現の下手な人もあって、ショートしそうになったりすることはある。何でもいつでも意見を述べられる人はさらっと話せる。静御前のような人は、力いっぱい腹から声をださねばならないから、怒っているかのように思える。六カ月を過ぎると生活者みんな、性格の全貌も出揃って、笑い飛ばせることも多くなってくる。

年代の違いがこだわりを消す

ＣＯＣＯ湘南台には姉妹で入居している人もいる。ミーティングによっては姉妹で結託して何かおこすかと思いきや、姉妹けんかを人前でどうどうとやるのである。これにはマイッタ！　「廊下で取っ組み合ってくれ！」と私が叫んでチョン。大笑い。みんなカラリとした性格で、意外とこだわるようなことが少ないのは年代の違い。でもムッとされることはあった。同じような気持ちで歳も忘れて冗談も言いたい放題になることが多いし、大先輩という年代のプライドを傷つけていたのか、考えもしなかった浅はかさもある。家族もそうだった。「その言葉なあに？　目上に向かって」と注意されたことはあったと思う。ここでは若いほうの私たちは、歳を忘れてつい悪ふざけしてしまう。

リズムにのってきた運営――一年たって

ＣＯＣＯ湘南台の暮らしの実務部分は、生活者とＮＰＯ法人ＣＯＣＯ湘南の事務担当で主体的運営ができるよう、調整をはかりながら行なっている。手探りで暮らし心地を探っているが、少しリズムに乗り出したのではないだろうか。

また、これから第二ＣＯＣＯの住宅のあり方として私たちの生活を分析して、もっといい方法を発見するかもしれない楽しみがある。生活者が主体的に、運営にも全体の経費にも目を通していれば、もっとおいしい運営の仕方へと工夫ができると思う。

運営内容については、高年者であっても、単純でわかりやすい方法で理解できうる表現方法もあるだろうし、それを考えていくことも大きな課題である。介護保険のように迷路に迷うことはない。

グループリビングＣＯＣＯ湘南台での事務は、

・毎週、昼食・夕食の食事一覧表に生活者各人が食べるか否かを記入してもらい、キュービックに人数を連絡する
・友人や来客の宿泊などの申し出があれば、その準備と連絡
・毎月の献立表をコピーして生活者に配布

ほかに日常的なこととして、

・生活者の荷物の受け取り
・生活者への来客ほかの連絡など
・郵便物を個人ポストへ配布

これらを生活者のなかで、コーディネーターとサブと皆さんの協力関係ですすめている。

〔第2章〕　毎日が発見！　実験！——ＣＯＣＯ湘南台の春夏秋冬

一九九九年四月、ＣＯＣＯ湘南台の玄関をはじめ、各種の鍵を受け取った。九千円で買い求めたキーボックスは、門扉から個室にいたるそれぞれ二十種類の鍵を納めた五キロの重みでずっしりとしている。

九名の生活者を迎える具体的な日程調整も終わって、みなさんを待つばかりとなった。

4月　向こう三軒両隣りへのあいさつも終わって

ＮＨＫの取材

ＮＨＫからＣＯＣＯ湘南台の取材をしたいと申し込まれた。引っ越しの準備などでほとほと疲れていたとはいえ、入居者の皆さんが快く取材に承諾してくれたので、取材に応じることとなった。

取材日の四月二十四日は、生活者への室内外の使用方法説明会の日で、入居者のそれぞれのインタビューから始まった。三十分番組と聞いていたので、打ち合わせにそえばせいぜい二時間くらいの取材と考えていたのはまずかった。

生活者の個々のケースもあって、取材は二日間ぶっとおしの人や、何回も同じ場面を要求されたりして、皆さんへとへとになってしまったと聞く。

取材班の若いディレクターたちは、優れた番組作りにもう夢中で、対象者が七十歳、八十歳などどこへやらなのだ。また、対象者も明治・大正生まれで我慢強く、ギブアップしないで応対していかれるから、ことさら取材に熱が入るのかもしれない。

そうして出来上がった番組は五月二日に放映された。その後、日時をおいて衛星放送で番組が地球をまわったらしく、オーストラリアに住む友達からも「見たよ」と伝えられた。

グループリビングはマンションか？

引っ越しの諸費用を私の例であげると、「引越センター」の費用と前の借家の清掃で十七万円。ＣＯＣＯ湘南台の自分の部屋に持ち出しのテラスをつけた費用四七万円、車庫の屋根取り付け二七万円、カーテンは古いのを友人から作り直してもらってＯＫ。エアコン二四万円。

その他の手続きとして、電話の移動・住民登録、郵便局への移動通知（これにより一年間転送可能）、電話の番号が変わるので案内依頼、年金の移動手続きと銀行口座の手続き（ＣＯＣＯ湘南への支払いの引き落とし）、火災保険（家具）に加入。知人友人に転居のお知らせ、ここまで一気に運び、次に車の免許・障害者手帳の住所変更、月刊雑誌の発送元への連絡、ユニセフその他に住所変更など気づいたところから片づけていった。

市民センターの住民移動の窓口で、「グループリビング？　これはアパートかマンションか？」ととまどわれた。新しい住宅なので項目がない。「その他」のところに「高齢者共同住宅」としたが、いちいち「高齢者」を上につけることはいったいどうしたことか、と思う。

高齢者組に追いやる言葉と考えれば、日本の体質はそのように流れてしまう。

しかしどうどうと使おうと開き直って、そう息ばらず、医療・公的機関のサービスを十分に受けられるように、私たち自身が要望していくようにしたい。

高齢者バンザーイ！　誇りをもって七十歳と言おう。

みんなで使える引っ越し挨拶のはがき

引っ越しは手続きだけでもわずらわしいことなので、生活者十人が親戚・友人・知人に移転の通知を出すのを少し手伝おうと考えてみた。

どうせ自分が引っ越し挨拶のはがきを印刷するなら、誰でも使えるようにつくっておけばと、地図も入れて工夫してみたのであった。

いつ書かれるかわからないから、季節のあいさつは書かないようにした。千枚用意して、残りは約四十枚。いまでも使うことはできそう。

引っ越し通知が届いた友達から、「あらお菓子とお茶が用意してあるなんて心配りね」とのあとに、「お菓子を持っていくわよ！」だって。

おかしいことに、文章を素直にとる人と、「お菓子の請求らしいな」ととる人とあることに気づいたけれど、親しい人なら「あ〜らばれちゃったのか」と笑いで終わらせている。

でもホントに、アトリエにはいつもお茶とお菓子の用意はアリマスゾ。

5月

五月の風とゴミュニティ

サポートシステムがさっそく稼働

四月三十日に田中さんと三田さんが越してきた。三田さんはコーディネーターの助っ人として欠かせない存在。オールマイティの彼女の特技はと問われると、経理とそろばんの早さである。もともと大きな病院の事務長だったから、ＣＯＣＯ湘南台の共益費などの会計などは朝飯前。ミーティングに提出される会計一覧に目を通して、運用のうまさにも舌をまく。

五月一日に向井さん・小寺さん姉妹、美山さん、津田さん、そして安藤さん、半沢さん、上杉さん。五月末までには全員揃い踏みとなった。

引っ越しの日、向井さんが足を引きずってＣＯＣＯ湘南台に到着。前日に転倒して足をけがしたという。もし足にひびでも入っていたら気の毒と、さっそくネットワーク病院へＣＯＣＯ湘南台第一号患者として診察を依頼した。

あわてた一幕もネンザとわかりひと安心。これまたＣＯＣＯ湘南台に設備した車いす第一号使用の生活者となった。

バリアのない住宅、エレベーターなどなど、これで体験してみてなんと暮らしよい住宅か認識を新たにした。

もしバリアフリーでなかったら、自分の個室ですべての用を足さなければならない。人手がなければ階段をあがって食堂に出ることも、みんなと語らいながら食べることも無理なのである。

向井さんによって、お初に「自立と共生」のテストをしたようであった。

ゴミュニティ

緑の風は陽ざしとともに新しい窓から室内を通り抜けている。ＣＯＣＯ湘南台の住民は日を追って到着している。

期待と不安と、引っ越しの疲れも背負ってこられているようだった。イタリア・ローマの終着駅テルミニのように、人と荷物で混雑し、ざわめいてくる。第三の人生の夢をどのように描かれているのか、心の奥まで見渡すことはできないが、どんなときでも少々のガマンとロマンがなければつまらない。

次々に荷をとかれ、段ボール、不要品の家具類が裏玄関のロビーに出るわ出るわ、ゴミの山ができる。

家政担当のおり～ぶの鈴木さんの車と私の車、友人たちや入居された人も手伝ってくれたのでゴミ運びを始めた。二週間以上続いた運送屋さんである。

ゴミを出される皆さんは、ご自分の個室をととのえることで手一杯。

「ままよ、なんでも出しやがれ」と開き直っている私を励ますのは車から流れる音楽であった。

資源ゴミなどの処理場通いが続いた三日目、「西條さん！」と顔なじみの職員から声をかけられた。

「毎日こられますけど、どうしたんですか」「え！　いまね、ゴミ運びやってるの」と言いつつ、立ち話でＣＯＣＯ湘南台のことを話した。

「そういえば、テレビで見ましたよ」とのこと。人間って不思議なもので、知っている人がいたり、ちょっと声をかけあうと、緊張がとれてゴミ運びの身体も軽くなるのであった。

人間とのふれあいって大切なんだ。ゴミも馬鹿にならない。ゴミを通して懐かしいゴミュニティの始まりだった。

半沢さん手作りのポスト

生活者が揃ったとき、個人の郵便受けをどうしようかと迷っていた。

半沢さんは、「モラ」という民族パッチワーク類の専門家。そこでさっそくその腕とセンスで布製の壁掛け型個人ポストを作ってくれた。

玄関を入ってみんなが部屋に行く通り道のアトリエの壁にかかった個人ポストに、見学者は壁の飾りと思って「この布の壁飾りは素敵ですね」と誉めてくれる。「それはポストなんです、個人の郵便受けですよ！」と言うと、「え？」と改めてさわって「生活されている方が作ったのですか？」と聞かれる。そのときはいつもちょっと自慢げに「はい」とこたえている。

６月　作る人　食べる人、とまどいの日々

嗜好を探りあう

昔から衣食足りて礼節を知る、との言葉があるが、ここでは医食住が大切だと思った。その中心が「食」である。

ＣＯＣＯ湘南台は朝食は自由、第二・第四日曜日をのぞく昼、夕食は委託して食事づくりをしてもらうことにした。

高齢者の弁当づくり経験十年のコープかながわ「キュービック」は、評判が高いことから、一年ごとの契約をして依頼した。一般的なごく普通の家庭料理のメニューと、味付けに温かい心を感じ取ったからだ。

はじめに一カ月分の昼・夜の献立表がファクスで送られてくるのを生活者全員に渡す。いまは献立の中身によってはそのおりに検討して変更していくようにした。

当初は、誰がどのような嗜好があるのか細かいことはわからない。簡単な嗜好調査くらいではわからないし、また十人に一人ひとりのオーダー料理ともいかず、一〜二カ月はみんなで「えーこれ？」とか「うーん」とか、「おいしかった」「うすーい味」「同じ魚ね」等々を言いあって、互いの味を探りあって

いたと思う。

半年でおいしくなったキュービック

給食センターで調理した副食をＣＯＣＯ湘南台のキッチンに運び、ご飯を炊き、みそ汁などを作り、銘々の長四角なお盆に配膳し、テーブルに置いていく。

熱くして食べるメニュー、たとえばロールキャベツ、カレー、シチュー、おでん類は大鍋のまま置いていく。生活者の配膳当番が温めて提供することになっている。

さて、キュービックの食事はどうか。

たしかに栄養価や緑黄色野菜などから見ると、保健福祉事務所から表彰されてもいいくらいのバランスの良さである。この副食を一〇〇％平らげたら、おそらく百歳まで悠々元気印に生き続けるだろう。

しかし、食べる人は五十年以上も自分と家族の食を調理していた人の舌なのである。作る側の四十代、三十代の人々との違いは出てくる。

どこが？　高齢者には低温で、豆腐類や海藻、緑黄色野菜、ゴマ類がいいと、考えれば涙が出るほどの「思いやり料理」だが、どうもかみ合わないことが多い。ギクシャクする。双方の歯車を合わせるにはいったいどうしたものか。

デリケートな好みを観察するために、私はトッピング（追加料理）を作り始めた。料理作りが趣味と話せば驚かれるけれどホントなんだから。

どんなものが誰に喜ばれるか、試してみた。焼き鳥、鶏のモツのショウガ煮、アジの干物を焼き、にんにくチャーハン、カレー風ドライピラフ、竹の子の土佐煮、いかと里芋の煮っころがし等々から、もずくの酢の物、しらたきカラカラ煮、四国松山の芽ひじきの煮物、馬鈴薯の甘から煮、馬鈴薯とベーコン炒め……にいたるまで。

簡単なものだけれど、ときどきつくってみた。そばの冷し中華風も取り入れてみたし、お新香各種、高齢者には違反のピリカラキムチ、各地のたくあん、みそ漬け、などなどであった。そのなかから、一人ひとりの舌加減が少しずつ解明されてきた。舌と体力の反応もワカッタ。

結論。〝老人〟ではなく、〝高年者〟だったのだ。栄養とバランスの良さ、低塩の配慮は何のその。元気で活発に行動し、学習する意欲あふれる人々に対して、調理する若い人々の温かな配慮が少々裏目に出たのであった。

ということは、十把一からげでいう高齢者思いの価値観を一八〇度かえてかからねばならないのであろう。

このことに気づいてキュービックに伝えていくと、みるみるうちに生活者にあう献立に変身し、栄養のバランスの調整もうまくなっていった。どうも「うるさいバーサンたち」と緊張していたようだ。

彼女たちの白い割烹着、頭の三角巾、テキパキと働く姿の気持ちの良さから若さの〝気〟をトッピングにもらって、私たちは若返っていくだろう。

＊食事の担当をさせていただいて＊

泉区給食サービスセンター「ワーカーズ・キュービック」　斉藤綾子

食事の担当をさせていただいていますキュービックです。

これまで老人給食の配膳ということで弁当箱でのサービスでした。今回、皆さまへのサービスの形は私たちにとってはまったく新しい試みです。

そのうえ、他の台所に入っての仕事ということで、始めは緊張の連続でした。最近は少しずつ慣れもでて、生活者の方にお手伝いをしてもらうこともあるようですが、料理を作り、配膳するまで心を込めて喜んでいただけるサービスをしていこうと一同合い言葉にしております。健康づくりと一家団らんのお手伝いをさせていただきたいと考えています。

どうぞよろしくお願いいたします。

（『特定非営利活動法人ＣＯＣＯ湘南・会報』創刊号、九九年十月より）

表１　かわってきた献立

	1999年５月			2000年２月　＋ごはん･みそ汁	
	昼　食	夕食　＋ごはん･みそ汁･つけもの		昼　食	夕　食
2日(日)	うどん ほうれん草のじゃこあえ バナナサラダ	筑前煮 おひたし 刻み昆布煮	6日(日)	あじの干物 袋煮	肉巻き焼 和風サラダ 豆腐ゆずみそ
3日(月)	揚げなすのミートソース焼 春雨ときゅうりの酢の物 ごはん みそ汁	魚のフライ 肉じゃが 豆腐としめじの酢みそあえ	7日(月)	きつねうどん おひたし	ロールキャベツ 大根･人参･きゅうりのサラダ
4日(火)	焼そば野菜あんかけ シューマイ みそ汁	鶏肉のカレー風味揚げ ひじき煮 白あえ	8日(火)	いか大根 ぜんまい煮	鮭のムニエル･タルタルソース れんこんときゅうりの酢の物 温野菜
5日(水)	竹の子ごはん 春巻き お吸い物	うずら入り餃子 竹の子土佐煮 ゴマあえ	9日(水)	煮物 ごま和え	天ぷら 五目豆 からし和え
6日(木)	カレー 生野菜 卵スープ	ロールカツ 冷ややっこ ザーサイきゅうり	10日(木)	焼き魚（いわしの丸干し） きんぴら	肉じゃが ほうれん草のサラダ こんにゃくのピリ辛
7日(金)	マカロニグラタン アスパラのごま和え スープ	袋煮 牛肉としらたきの炒め煮 人参サラダ	11日(金)	ミートボール甘酢あん サラダ	カキフライ ポテトサラダ 温野菜
8日(土)	お好み献立	お好み献立	12日(土)	けんちん汁 卵どんぶり	湯豆腐 切干し大根煮 かぼちゃ煮付

キュービックの食事がはじまったばかりの５月頃は、手の込んだ料理というか、一生懸命考えて作られた献立だが、毎日食べる生活者にとっては、一般的な家庭料理がいちばんよい。

続かなかった自由昼食

自分たちでつくる日もおもしろいし、やってみようと試みてみる。

あまったご飯を冷凍してあるので、野菜をたくさん入れた雑炊にしたり、ニンニクチャーハンをつくったりいろいろ工夫してみる。

こんな話が出た。昼は食費五〇〇円を還元して自分でしたらどうか。自由にやってみようと話がまとまって、月二回はじまった。

しかし自由昼食は続かなかった。

なぜ？　たしかに近くにスーパーも食堂もある。はじめは一人ひとりが自分の昼づくりに喜々として専念した。

ところが自由となればなるほど、不自由な心になっていってしまった。自分の食事だけをつくって自分で食べるのには、張り合いというエッセンスがないのがわかったのだった。ちなみに当日の私はラーメンであった。

また、元に舞い戻った。

ＣＯＣＯ湘南台発案・お好み寿司

次に話がでたのは、月一回の夕食に「にぎり寿司」はどうだろう。お寿司はみんな大好きである。湘南台のお寿司屋さんのチラシは入るが、新しいネタと味のよい店を友人に聞いた。「都寿し」を紹介された。知人でもあり俳人の北沢さんのご子息がその店の寿司職人だったので、めぐり合わせに驚いてしまう。

寿司《にぎり》にも位《くらい》があって、松竹梅とか特上・上・並とかのセットになってしまう。そこでＣＯＣＯ湘南台が発案した寿司の注文方法は〝お好み寿司〟。みんなそれぞれ、食べたい寿司・個数を書いてファクスで注文し、それを出前してもらうのである。

十人十色の注文にお寿司屋さんはとまどったようだが、商売の新種だと喜んで応じてくれた。

お店へは、とくにシャリを小さめにとお願いした。

わいわいがやがや、みんなの好みの一覧表ができた。魚の嗜好がわかるではないか。

トロでもイクラでも何でも遠慮はご無用、安い寿司ネタ、高いネタも関係なし。いくら高級品でも嫌いであったら、その人にとっては高級品ではないのだから。

ちなみに私は赤身まぐろ2、いか2、たこ1、こはだ1とおしんこ巻き。このくらいなので、皆さんが心配するけれど、いくら他のものを食べろったっ

たね	津 1	半 2	向 3	小 4	西 5	三 6	上 7	田 8	美 9	安 10
まぐろとろ										
まぐろ赤身	2	2	2		2	2	2			2
いか	2		1	1	2	2	2	2		2
えび	1		1	2			2			1
たこ					1					
うに		1	1			1	1	2		1
いくら	1	1	1				1	2	2	1
こはだ					1					
しゃこ	1	1								
ひらめ				1					2	
かずのこ	1									
貝類						1		2	2	
玉子				1						
かんぴょう巻										
おしんこ巻					1			2	1	1
納豆巻										
かっぱ巻									1	
太巻	1		1	1		1	1			
てっか巻										
あなご		1	1							

＊ある日のお好み寿司注文表

て「たこ」が食べたいんだから、これが幸せなのだ。ほんとうの平等って、こういうわけなのである。

しじみ汁と簡単なサラダを作り、みんなで喜び合って全部お腹に収まった。

到着した十人前のお寿司はしめて一万四千円から一万七千円。食材費は一日一人一〇〇〇円で四千円から七千円オーバーだが、他で節約すれば調整していけそうな金額だ。

この方式は現在でも続いていて、毎月みんな楽しみにしている。

さて、この実験は成功したが、また発見もあった。

高齢者だけの暮らし、と思うお寿司屋さんのやさしさがアダになった。思いやりのわさび抜き、サビ抜き寿司だったのである。子どもには「お子さまランチ」というようなワンパターンの配慮はかえって空しかった。ピリッと本わさびがきいて、鼻にツーンとくるお寿司が食べたかったのだ。

改めて高齢者、障害者、女、子どもを規定するワンパターンの価値観に直面したのだった。世の高齢者のために一つ一つ先入観を覆していこう。わさびがきいた高齢者がいっぱいいるということを知ってもらわねば。

第一回サロンコンサート

天候に恵まれ、六月十五日、晴眼者と視覚障害者が共に歩く「ひとみ会」のみなさんを迎えて交流会とサロンコンサートを開催した。

十一時に五頭の盲導犬を先頭にみなさん到着。福澤美和さんのアイメイト・ナッキーちゃんは顔馴染みでもある。

獣医の水谷先生もいっしょにライスカレーの昼食。ＣＯＣＯ湘南台の料理人・キュービック製のカレーはおいしいと評判になった。家政担当のおり～ぶから二人助っ人がきてくれて助かった。食後のコーヒータイムに続いてコンサート。

洗足学園大学の学生さん二人が、リビングにあるピアノを使ってさわやかな演奏と独唱。この部屋の音響もほぼ合格点をもらった。

次いで生活者の一人津田さんが、一階の自室を特別公開された。視覚障害のみなさんは、すみからすみまで手で触って、十五帖の個室を確認された。

入口から壁にずらりと掛けてあるのは、津田さんが盲人スポーツ全国大会のマラソンや砲丸投げで出場されて得た金メダル・銀メダル。その横に数々のトロフィがあった。触ってみたみなさんから歓声が上がり、改めて津田さんの活躍に拍手を送った。

食事用のテーブルと椅子、ベッド、クローゼット、ミニキッチン、トイレ・洗面所。みなさんは「これだけあれば上等ね」「明日にでも引っ越してきたいわ」、そして「ね、西條さん！　盲導犬と住める、私たちのうちもつくってー」と叫ばれた。

「うーん、そうしたいわね」。私たちの仲間の、みんなの求める声をまとめたいし、叶えたいと心から願っている。これから協力してくれるオーナーが名乗りでてくださるように祈った。

7月
家政の名人おり～ぶの働き

食の支援はなんといってもキュービックさん。きれいな暮らしを支えてくれる家政の名人おり～ぶさん。

歌にはならなくても二つの助っ人で私たちの生活は軌道に乗っている。

おり～ぶの出番は月・水・金曜日の午前九時半から十一時半で、共同部分をピカピカにしてくれる。一階玄関、アトリエ、大浴室、トイレ、裏玄関、廊下、エレベーター内、階段、二階廊下、ゲストルーム、トイレ、小浴室、キッチン、リビング。

特別に自室の掃除やガラス拭きなどを頼みたいときは、前もって依頼すれば十五分二五〇円のチケット制で対応してくれる。チケットは十枚ずつ求めてもらい、予約はできるだけ前の週に申し込むと、月・水・金の共用部分の清掃の日にやってもらうことになっている。

メンバーは十八人が二人一組で交替制。四十代・五十代の気のよい専業主婦の皆さんで、見るからに力みなぎる活動なのである。高級車で乗り込んでこられる人もいる。鈴木さんが旗頭で、なかには男性もいる。

さすが手慣れた人々であり、片づけ、掃除の下手な私からみれば満点だった。しかし生活者のなかには、きれい好きの権化も住んでいるので、はじめは掃除の結果が気になる人もあったらしい。

「まかせていこうよ。上達していくから、一つくらいやり残しがあったって死にゃあしないから……」と笑っているうち、家政の名人に到達していったのである。

実はきれい好きの権化とは美山さんのこと。ここの生活が清潔だと誉められたら彼女とおり～ぶにご褒美を出さねばならないかもしれない。大雑把の私も少々しつけられているみたい。

おり～ぶには「家政支援だけでは惜しい。次はだんだんと介護支援をマスターしたら」と励まし、勧めている今日この頃である。

彼女たちは清掃技術が上達しただけではない。サポートしようとする心意気がみなぎっている。口には言わずもがな、生活者の立場に立っている姿勢がなんと心強いことか。

今月から月・水・金曜日、夜の食器洗いの助っ人もしてくれるようになった。その日は夕食はゆったりと食べ、談笑にくつろげるラッキータイムが得られたのだった。

メンバーのなかには、毎年の市民参加事業「平和ミュージカル」に参加する人もいて、ステージを盛り上げるために私たちも見る・聞く応援団で参加したり、人間的な交流を続けている。

おり～ぶの支援で清潔な暮らしを続けられそう。なんせ、いちばん汚すのはガラスに鼻をくっつけて外を眺めるのが好きなうちの犬なのである。

＊「ＣＯＣＯ湘南台」と共に一周年＊

ワーカーズコープ「おり〜ぶ」　鈴木美津子

満開だった桜も散り始め、春の風に花吹雪が舞っています。日本の四季は本当にすばらしいですね。桜や杏の花は終わっても、もう次に咲く花が順番を待っているんですから…。

この一年「ＣＯＣＯ湘南台」の周辺の景色やお庭の中でも、そんな四季の移り変わりを皆さんと共に楽しんできたように思います。

私たちお掃除担当のワーカーズコープ「おり〜ぶ」も「ＣＯＣＯ湘南台」の開設とほぼ同時に十六名（現在は十八名）のメンバーで設立しました。

「お掃除が得意だから私たちに任せて！」と、自信のあるメンバーは一人もいないんです…。でも一生懸命皆さんに喜んでいただけるように頑張ってきました。

「おり〜ぶ」も四月二十四日で設立一周年を迎えます。健康で一生懸命にお掃除に励んで、みんな何となく前にも増して美人にさえなったような気がしますが、いかがでしょうか？

お掃除というのは「きれい、清潔」であたりまえのものです。心穏やかに気持ちよく過ごしていただき、そして「ＣＯＣＯ湘南台はいつまでもきれいね！」と、来客の方にも感じていただけるよう、これからも頑張りますので、どうぞよろしくお願いいたします。

二〇〇〇年四月吉日

（『特定非営利活動法人ＣＯＣＯ湘南・会報』二号、二〇〇〇年五月より）

８月

水瓜に湧いた夏のデザート

水瓜に湧いた夏のデザート

春に研究会員の小林さんが、水瓜《すいか》の苗を一本植えてくれた。「一本？」と思っているうちに、みるみる葉を広げて六月はじめに黄色い花をつけてくれた。

「花が咲いてもちっとも実をつけないのね」と、ズブの素人の私が小林さんに話したら、「朝早くに花粉をつけてやらなければ実は出来ないさ」、と「そんなことも知らないで」と笑っていた。朝寝坊の私にできるはずがないので、みんなにそのことを話した。まだ引っ越しの疲れでピンとこない人も多かったので、そのままにしていた。

しかし、である。七月はじめ、小さな実が七個以上もつきはじめたのである。さっそく小林さんに報告したら、ニンマリ笑って「西條さんの寝てるころ、朝早く来て花粉をつけといたんだよ」との答え。赤面してしまった。

みるみるうちに大きくなって、青い玉に白い模様が出てきた。

二日にいっぺん数を数えていたら、草のかげにもあって、十個立派に熟してきている。

「いつが収穫どき？　いつが食べごろ？」と聞いたら、「水瓜のつけ根の茎が少し茶色になったとき、〝食べていいよ〟と水瓜が知らせているのだ」と答えが返ってきた。

大きい水瓜を二つに切って、冷蔵庫で冷やして食べた。

大歓声！「甘くておいしい！」「立派！　自分たちで作ったとれたての水瓜なんか食べたことないわ」の連発であった。

子ども連れの家族が畑を眺めながら通る。「水瓜、持っていかない？　坊やは持てるかな？」と聞きながら、垣根越しに声をかけた。多少泥つきの水瓜だけど、三人兄弟の幼稚園児くらいのお兄ちゃんは、がんばって抱きかかえた。嬉しそうな顔。お母さんのうしろを歩いてマンションへと帰っていった。

来年は苗を二本植えて、いっぱい水瓜を作って近所の子どもに抱かせてあげよう。あのびっくりした嬉しそうな顔と、重いのに懸命に持って歩く姿、お兄ちゃんと水瓜を心配して見つめながら歩く弟妹の姿がもう浮かんでくるのだった。

みんなに話したら大賛成であった。

オランダからやって来たアサちゃん

安藤さんは夫君がオランダやマレーシア、インドネシアなどの外交官だった夫人。たまに安藤さんの部屋を訪ねてアンティークの家具をなでまわしに行くのが私の楽しみになっている。ある日、私の教え子でインドネシア在住の松村富士子と交流があったということがわかって、「へー！　どこでも人間って縁があるのねー、広い地球のなかで」と感心してしまった。

安藤さんの楽しみは、オランダ在住のたった一人のお孫さん・アサちゃん（七歳）からの電話である。そのアサちゃんが、オランダからおばあちゃまを訪ねてやって来た。オランダ人の父親が送ってこられた。優しいおばあちゃまのふところに甘えホッとした表情で、私たちとも自然に接してくれる。

オランダ仕込みとあって、天真爛漫。必要なことは遠慮せず、そして、ここはここと社会のルールを見極めてみんなと話をしている。

研究会員の小林さんのお孫さん二人とすぐに仲良しになってお泊まりに行ったり、一緒にプールに連れ立って出かけたり、私も子どもセンターで半日一緒に遊んだ。

「私はネ、おばあちゃんが大好きで、いつまでも元気で長生きしてほしいと思うの。いま私は七歳だけれど、一人でオランダと日本を往復できるわ。パパが心配するけど、来年からは一人でやってみるから」と決心している。

「そして十八歳になったら日本に来るの。犬のお医者さんになりたい」。

アサちゃんのママが九九年一月に帰天されたことには、アサちゃんもふれないし、周りもふれずに心配りをしていたようだ。

話しているアサちゃんは木綿で縫った小さな猫のぬいぐるみを片手から離さず、顔に押しつけている。「これネ、お守りなの」。お母さんの友達がつくってくれたのだと話す。猫のぬいぐるみに「愛するアサ」と刺繍で縫いつけてあった。お母さんと同じ五十歳の友人の想いが伝わってきて胸が熱くなった。

「こんどは一人で来る」。この決心は変わらず、いよいよ十二月のクリスマスには、やって来ることとなった。また、ひとまわり大きくなっているだろう。

9月

犬と猫の側から言わせてもらおう

犬側—トン平二歳・オス、ルル四歳・メス。猫側—さくら十六歳・メス、くろ五歳・メスから一言。

私たち、僕らだってお役に立っていると自負しています。

とにかく何と言われようと、犬二匹は三文安いといわれる年寄りっ子である。無駄には吠えようと思わないが、人間より音に敏感なので、何かあると吠えて合図をしている。

引っ越してきた当座は、人々や家のすみずみに自分の臭いをつけなきゃと慌てたり、大勢の人々の来訪に面喰らうことばかりであった。

トン平は食欲不振になった。ルルは湿疹ができた。人間様も疲れただろうけれど、犬のわれわれもストレス症候群が続いてしまう。

三カ月から六カ月で家族をやっと覚えたが、これがたいへんだった。

ルルは興奮したり、感動するとときに大きな〝もの〟を廊下に落とした。生活リズムをはずされるとたまったものじゃない。かなり気を遣って乗り越えてきたと思う。ここが終の棲家だと主人が話しているから、ここで落ち着くのかもしれない。

猫のさくらは、ちゃっかりいい子ぶって、よく抱いてもらっている。高年だからしょうがないか。脾臓が悪いって毎日の水薬が欠かせないらしい。金曜日は二階の三田さんのところに別荘がわりに泊まりにいって、可愛がられて日曜の晩に帰ってくるリズムになってうらやましい。

二匹でしっかりおうちの番をして、きっとお役に立つから時をかけてほしい。

くろはノラだったけれど、ここに連れてきてもらってよかったね。津田さんに毎日身体にブラシをかけてもらっている。くろは来たときは逃げないように、三日間ゲージで飼われたら、すぐに慣れて庭を飛び跳ねている。猫は家につくと言ったが、この子たち、人についているな。

くろが小鳥を狙うのだけは許せないけれど、性質がいいので可愛がられてよかったね。

トン平はね、お客様大好きなんだけど、若くてはしゃぎすぎると注意されるんだ。

ルルはときどき眠っていると、「可愛い」と言ってお尻のあたりをなでるお客様がいるからびっくりして、人様を少しおどかすようになっちゃった。そうしたら主人から「イケナイノ！」と注意されるんだ。だけど犬だって、セクハラはイヤだもの。

トン平とルルは吠えあうけれど、動物同士のことなので少々ほっぽっといてね。

主人たち人間が介入すると、主人をとられまいと慌ててしまうから、そっとしておいてほしい。

10月
やってきましたネ　飛び出す不満のかずかず

「自立と共生」の旗がゆらめく夜のミーティング。共同生活約六カ月になり、生活が慣れてきたころ、まわりを見渡す余裕が出てくる。

理屈では「自立と共生」の暮らしはわかっているが、役割分担の忘れが出たり、負担に思えてきたりするものだ。

「自立と共生」の総論賛成、各論反対のような気持ちになるのは、ちょうど緊張感がとれて、自分の部屋もほぼ整い始めたころにおそわれる心理でもある。

自分の遊び、趣味、いっぱいためてしまいこんであった引き出しを開けて、おもちゃ箱から取り出したくなると、当番が邪魔になってくる。

食事のメニューには飽きがくる。

お互いの個性が気にかかる。

いよいよおいでなさった！

きれい好きの人は、自分の枠を当てはめて清潔にしたい（結構なこと）。

当番を忘れてしまう人もいる。私もよく風呂当番を忘れ、すべりこんで蛇口をひねって「セーフ」がある。

一人ずつの言葉のかけ方が気になる。冗談が通じなくていじめられたと悲しむ人もいたようだ。

たかが十人、されど十色なのである。

一般世間様と同じ、とくに年輩の人と限ったことではなく、日本人は自分の言葉で率直に意思表示をすることに慣れていない人が多い。

しかし、ここの生活では、率直にお互いが話しあうように、みんな努力していると思う。

「あの人もこう言ってた、この人もこう言ってた」と間接的には聞かない主義の私の個性は少しきついのかもしれないが、大人なんだから気に入らないことは喧嘩しても二人で話しあう、自然にそんな流れに方向は進んでいると思う。

「〇〇さん、少し説教じみてうるさいの」「じゃ、うるさいわよ、と言えばいい」と答える。家族で住んで親子兄弟姉妹だって同じ。

私たちもいずれ年をとっていく。お互いいま手伝ってやれること、協力できることを精一杯やっていこう、いつまでも七十歳ではないのだから。

みんなデリケートな人たち。正直な人たち、優しい人たち、欲のない人たち、ノリのよい人たちじゃないか。誰もスレてもすねてもいない。

この十人という人数は、さりげなくつき合いながら友情が育ち、波長が合う人間関係が生まれてくると思う。個性もわかり、信じあって生涯生きていきたい。

向井さんの温かな笑顔、津田さんの生き様

そんな十人が、それぞれ個性を認めはじめて温かい流れに変わっていったのはなぜか。

それは八十七歳、最年長の向井さんの食欲と意欲と負けん気、それとユーモアと温かな笑顔であった。

また、津田さんの生き様でもある。彼は定年後全盲になって、独りで十六年間地域社会のネットワークのなかで自立して生き、いまなお元気はつらつ、コマーシャルに出したいくらい。ジョギング、砲丸投げの訓練を続け、白杖でＣＯＣＯ内も庭もスイスイ。前向きの彼に助けられていることも多い。

いちばん「バリアフリーを」と叫びたいであろう彼から、みんな心の壁を一つひとつ取り除いてもらっている様子である。

そしてさらによろしいのは食前酒のいっぱいで、ワハハと涙を流して笑いころげることが多い。笑いころがすような愉快な女性もいる。

その田中さんと私といると、そこらのテレビで見る漫才より格調が高いジャブの応酬である。

田中　いまさ若い人がね、婚前交渉なんて平気な人が多いんだってね。

西條　へえ！

田中　でもこれも本人の自己決定だからまわりは何ともいえないのかしら。

西條　良家の男女はそんなことないと思うなかれ。

育ちかもしれないが社会に流される。テレビも悪いよ。

田中　西條さんは独身だからわかんないでしょうよ。

西條　じつは私は純潔じゃないのよ。

田中　え、イマサラ、そんなこと言っていいの？　初公開。ジャジャジャジャ〜ン！

西條　ウヒヒ……。輸血を二〜三回しているもん！

という具合になる。こんな話は外から聞けばなんてお下劣で最低と思うだろう。

毎日の生活だと、トイレットのウォシュレットシャワーが良いという話やら、ウンの話、シーの話も出てくるのは当然。

シーの話など「いやーね、コレ！」と先輩が笑いながら睨み、たしなめられるのはいつも私。しかし、シーというこのくらい素晴らしい水はないのだと言い張ってしまう。人間で一番精巧な腎臓を通って出てくる水がシーなのだ。

こうして笑いで終わることが多い。

11月　ミニ畑づくりと初めての鍋物

夜盗虫

先月畑に蒔いた野菜の芽が出はじめた。十区画にわけて「あみだ」で各人の場所を公平に決めた。

ミニ大根、かぶ、ネギ、春菊、からし菜、パセリ、チンゲンサイ、赤かぶ、みんなタネ蒔きからはじまり、それぞれ土になじんでいく。ごたごた芽が出ようと、雑草が出ようと、太陽と土と仲良しになるために各々の畑についてはお互い口出しせず、そっと眺めていようと申し合わせた。余計なお節介はしない、自由自在。

ある研究会員が「みんなでいっしょにやればいいのに」と言う。「どうして何でもみんないっしょじゃないとだめなの？　一人一人が自由にやればいいじゃない？」と私は抵抗した。

夜盗虫とり名人の向井さんは、七十四もとってくれた。「くやしいわ夜盗虫に負けてはいられない」と、挑戦してふんばる無邪気な顔が朝日に輝いてたくましく、またおかしくもあった。

私は一匹でも見つけるともう嬉しくて「いたわよ！」と大さわぎしてしまう。向井さんはその間に七十匹。畑のベテランとど素人の差に大笑い。私は夜盗虫になめられてしまったのだ。

十名の畑には有機農業・無農薬の野菜がのびのびと風にゆれている。

私は一番手のかからないネギを植えた。

初めての鍋料理

「寒いときは鍋物がいちばんネ」と、キュービックの松山さんと話をしていた。

ＣＯＣＯ湘南台には大きな土鍋やガスコンロはあるものの、生活者の年齢の幅を考えると、洋服の袖口に火が移る危険があったり、鍋の中身を自分のペースでゆっくりと選んで平等に食べられる方法はないものかと考えていた。「ねっ、鍋物食べない？」と生活者にも相談した。

思案していて「そうだ、旅館のように一人一人の鍋でなら、自分のお箸でゆっくり食べられる！」「その考えはヒットね！」。みんな「グ～ヨ」と大歓迎であった。

どんな鍋にしようか、鍋セットの購入を友人に頼んで求めてきてもらう。旅館よりも少し大きい土鍋に鉄のカマ、燃料は固形燃料にした。

初鍋なので一般的で無難な材料にした。

昆布を下にしいて甘塩だら、はまぐり、カキ、つみれ、ちくわぶ、しらたき、きのこ、白菜とネギ、八種類。〝すえ広がり〟鍋である。うすいだし汁を沸騰させて、鍋に入れ、固形燃料を二つ使うと食べられるまでぐつぐつと煮えたぎってくれる。

この鍋は大当たりであった。次は「なべ焼きうどん」ってことにしようか。

お好み寿司といい、今回の鍋物といい、生活者は「ここでこのようなものが食べられるとは思わなかった」と口々に言う。そう、ここは家庭なんだから、家庭と同じものが食べられる。そんな暮らし方をしたいから、みんなでＣＯＣＯ湘南を作ったんじゃない？

身体中が熱くなると、心まで温かになるものだ。それぞれの鍋の湯気の向こうに笑顔がゆれる。これからたびたびどころか、いつでも鍋物ができる。思ったより簡単。

これは本当にいいアイデアだったと自分で自分をホメテアゲタイ。

ボランティアもいっしょに紅葉狩りへ

しゃれて紅葉狩りへと出かけた日

運転手付きマイクロバスで宮が瀬ダムへ紅葉狩りとしゃれこんだ。ＣＯＣＯ湘南の運営委員とボランティアの皆さんの参加もえての一日遠足である。

ふけゆく秋は心地よいことばかりではない。

小寺さんの顔が腫れっぽくなって心配した。彼女は医者嫌いな人である。漢方の薬剤師に医者にかかるなと宣言されたのを信じ込んでいるのだった。

命にかかわりそうなことだったら、私は説得して強引に医者に運び込むかもしれないが、まだ余裕はありそう。ここのあたりが微妙なところであろう。むずかしい自己決定権。

手遅れにならないようにと気をもむ皆さんの心配は、逆にみんなのストレスになってたまりそうである。それでも自己決定か。これからの課題である。

二〜三日たって「じつは顔をそってもらいに行って、カミソリ負けではないかと思う」とご本人の話。「なーんだ、おしゃれに行って、負けたのーー、それですんでよかった」。みんなの笑いのうちに赤い顔はみるみる治った。

上杉さんが、すすきをさがしてきて生けてくれ、家の中にさわやかな秋がやってきた。上杉さんのニックネームは「画伯」。私の本の絵は上杉さん以外はいや！　という気持ちを汲んでくれるし、許してくれる人。ＣＯＣＯ湘南台の玄関からの廊下は画廊にしようと彼女と私は張り切っているのだが、私は一枚も描かないでいい気なこと。

こんな毎日を祈るような十一月は終わる。

12月

みんなでお節づくり

十九日日曜日、第二回サロンコンサート開催。クリスマスコンサートとビンゴゲームで交流。参加者四十三名。グループリビングのにぎわった午後であった。

二十五日午後八時三〇分、ミニバー水仙開店（ちなみに閉店は午後十時）。

一階の車いす用トイレはバーに早変わり。生活者同士四～五人で飲みながら九九年の夜を楽しむ。トイレで？　驚く人が多い。ここは床暖房・換気扇付きで音の心配もなく、生活者が命名した「バー水仙」である。

一筆箋とホカロンの引き出物が十名に配られた。

三十日から翌日まで、いよいよお節づくり。

近頃は蛇口からお湯は出る、電子レンジ、オーブン、ミキサー、皮むき機、スライス器、なんでも揃っている文明時代。だが、みんなで機械に頼らず手作業で〃老舗の味〃を出したお節づくりであった。

庭でつくった有機栽培・無農薬のかぶ、ラディッシュ、春菊、菜の花も花をそえた。

生活者持参の四段重箱のつめ合わせ二つ、テーブルの上に日本の歴史と文化を背負って鎮座ましました料理。本物のうるし塗りのお重が料理を引き立ててくれた。

三十一日。年越しそばを食べて、十人揃って感謝のうちに夜はふけていく。日本酒一升はまたたく間に消えた。豪快な一九九九年の大晦日であった。

１月　２０００年
年女三人揃い踏み

十人の初正月

あけましておめでとうございます。

青空の陽ざしをうけたお正月。私も含めた三世代の「辰年」三名の年女を含めて、無事に新年を迎えた。

十時に皆が打ち揃っての新年となった。

朝寝坊の私に時間を合わせてくれたって、聞くも涙語るも涙の思いやりに感じ入る。

これで朝寝坊は公認されたと私は大喜びのうちに、お屠蘇の香りがしみる。丸餅の雑煮をゆっくりゆっくりと食べる（すわ！　のどにつまらせたときのために掃除機とガーゼをかげに用意）。

重箱のお節で祝い膳はのどかに運ぶ。

煮物…はす、里いも、にんじん、ごぼう、しいたけ、こんにゃく

肴・魚物…かす漬けの焼き魚、かずのこ、イクラ

焼き物…**だて巻き**、かまぼこ

その他…**にしんの昆布巻き**、大根・人参の**なます**、小かぶ

その他使用…ぎんなん、さやえんどう、みつば

（太字はほとんど手作り）

このように皆さんとこんなにのどかな大家族のお正月を迎えたのであった。

子どもの頃のお正月の話にも花が咲いた。お江戸の正月、北海道の雪の正月、秋田のきりたんぽ、九州の焼きあごのだし汁の話、四国や鳥取など各地の新年が絵本のように広がっていった。

トン平は朝八時、広い庭をかけまわることに慣れた。喜んであちこちに片足をあげてシーをしながら自分の城を固めている。はね廻る、嬉しそうな眼の輝き。

ルルはクリスマスにプレゼントされた安藤さんの愛犬の遺品の首輪が似合う。グリーンと赤の布製、イタリアのブランド・グッチ製という。いくらか気

取り気味に見えるのは親ばかと同じ、犬ばかである。
二頭は主人を取られまいと牽制しあうのはいまだに続いているが、いつの日にか慣れるだろう。

三人の誕生会

ここの生活をはじめてやっとゆとりを感じてきたせいか、年明けの一月から誕生会をやりましょう、と話がまとまった。

かつて四十歳のころは「お誕生日おめでとう」と言われると、いやーな感じで、誕生日って子どものときにお祝いをするものよ、と開き直っていたと思う。

また、養護老人ホームの理事でもある私は、ホームの月例行事を見ていて、「〇日誕生会」のところで目が止まる。ホームの高齢者の皆さんは、本当に喜んでいらっしゃるのかしら、と懐疑的なところがあった。

ところがいつの間にか、誕生日は一年無事にこせて感謝する気持ちになっていたのは不思議なのだ。

では今までヒネていたのかしら、と皆さんに聞いてみると、「四十歳くらいは私もそうだったわ、でも今は一年一年が元気に、という願いみたいなものがある」と答えが返ってきて、私のその当時の過程も自然だったのだと安心した。

さて、ＣＯＣＯの仲間三人と相談して実行に移すことにした。いたずら好きの三人の計画は、

・今月が誕生日の主賓三人が行進曲で入場

・年長の向井さんのお祝いのあいさつと乾杯
・安藤さんのお謡い（鶴亀）
・ケーキにローソクをつけて三人の鼻息で消す
・ハッピーバースデイを全員で歌う。ピアノは田中さん
・津田さんの替え歌でのお祝い

式次第どおりパーティーは進み、お酒もほどよく、だんだん盛り上がり、やる人はかくし芸など自然に発表して涙を流して笑ってしまう。

私と上杉さんで、カルメンの闘牛をやった。上杉さんが闘牛士で私が牛だ。私の二本の角は上杉さんの胸をめがけて……！

日頃、貴婦人みたいな人が手つきよくシャンソンを上手に歌われて拍手喝采、ビンゴケームなどなどと、話と笑いのつきない楽しい夜をおくれた。

テーブルの花はスウィートピー。

この夜のキュービックの特別料理は、海鮮丼、オードブル、三人にお赤飯。

おいしいといつも信頼しているケーキ屋「はまの」の苺のケーキ。

みんな騒ぐ騒ぐ、笑う笑う。心の回転はよくなったようだった。

お腹の底から笑い、いっぱい食べ、〃人間同士の強いきずな〃を感じる夜であった。

日頃コーディネーターとして皆さんにお世話になっている私は、じつは騒ぐの大好き、踊るの大好き。でもそんなこと誰も信じていないから、おもしろくてたまらない。またしばらくおとなしくしていよう。

2月
小寺さんの入院

小寺さんが発熱とお腹の痛みを訴えられた。しかし漢方以外は受けつけないと決めている。漢方の先生は東京だという。「じゃ、その先生に電話しようよ」となったのだが、先生はすでに亡くなってしまっているという。

「ままよ、そんなこと言ってられない」と、歩いて五分のところにある医師に往診をしてもらう。

二日目の血液検査の結果は風邪ひきか何かは不明だが、黄疸の疑いありとのこと。即、支援病院に入院のためのベッドが用意された。

ドクターの往診、早期診断、入院と、ネットワークのケースとしての早業の効果であった。本人も素直に医師の指示を受け入れてくれた。

入院には田中さんがハイヤーで送り、手続きをすませてくれた。

病院も近いのでみんなが訪ねるのには不便さはないが、しばらく静かに見守ろう。私の入院の経験からいえば、検査で疲れて口も聞きたくなくなるときがある。

必要な届け物は交替で持っていくことになった。前から話しあっていたことは、私たちは家族として、何かがあっても改めて一人一人がお見舞いを差し上げたりするのはやめようと申し合わせてある。

残された犬のトン平の散歩は近くの高校生とその家族が受け持ってくれたので安心。

病院での第一回の検査の結果は胆道に小石がくっついているらしい。それを取り去るための検査をすることとなった。

その後、胃の精密検査も続くらしい。

「私も胆石の手術をしたが、石が五十四個もあってね、小さな石炭ガラのようだったよ。そのとき、野菜をあまり食べないでご飯ばかり食べてるからだと言われたわ。宝石のような美しい石の人もあるって。

小寺さんの石はどうかしら」と私が本当の話をしゃべっているのだが、ご本人は冗談めいていると笑っていた。

小寺さんから「検査が終わったらいったん帰ると先生に話したら、まだ検査と次の胃のこともあるといわれたがどうしようか」と相談された。

「先の先まで考えず、検査をしてから考えましょうよ、あなたの希望はきっと先生が理解してくれると思うし、ＣＯＣＯに帰れたらいいね。気にかかることはその折々にやっておくとすっきりするものね。ワカッタ、帰っておいでネ、迎えにくるよ」。そんな話をしているうちは元気な証拠なのだと思う。

おりおり、誰かが訪ねているので元気づくのが目に見える。

五分粥なのでお腹がすく。大好きな大納言入りパンが食べたくて目の前にちらつくと笑っていた。「よし、帰ってきたらご飯を食べたくないなんて言わせないぞ！」と話して握手した。

３月
みんなが迎えた春

三月三日は田中さんの誕生日と雛祭りである。一週間前からゆっくりと準備にかかる。

まずは九十年前の小さな雛人形を戸棚から壊れないようにそっと赤い敷物の上に飾った。

この内裏雛は私の姉のものだが、私といっしょにＣＯＣＯ湘南台に引っ越してきた。誰となく、桃の花と白酒と三色のひし餅をそなえてくれ、品よくおさまっている。九十歳の人形が久しぶりに台座にのってよみがえり、生命を吹き返して美しかった。

誕生会は、田中さんのお客さんも飛び入りしていちごのショートケーキに、またまた花いっぱい。

秋田出身の田中さんに、私は犬のぬいぐるみをおぶって赤城の子守唄を踊ってプレゼントした。爆笑爆笑。「おかしくって、笑って涙がいっぱいで何の踊りかわからなかった」との感想であったが……。

フィナーレは本人を真ん中にしてラインダンス。〝カステラ一番、電話は二番……〟を歌いながらみんなで足を揃えてふりあげたつもり。

そしてお祝いは終わり、静かな夜に戻る。あとは入浴して寝るだけ。

田中さんと五歳と六歳の小さなお客さん二人は、お風呂に入ってまだ騒いでいる。ちびちゃん二人の「プールのようだ」と湯船で遊んでいる声が響く。

こんな日々がいつまでも続きますように。ハッピーバースデイ！

４月
気分爽快、桜の花

四月八日。はや一周年、やっと一年。二つの気持ちをいだきながら、ＣＯＣＯ湘南台一周年記念のティーパーティーを開催。

この日は生活者を中心に、私たちを支援してくださった皆さん、ＣＯＣＯ湘南の賛助会員と医療関係者、ボランティア、キュービック、おり〜ぶ、ＣＯＣＯ湘南の理事、研究会員と交流を深めようと総勢四十七名が集まった。

二階のリビングはわきかえった。定番のサロンコンサートとビンゴ。

コンサートは二十代の若い男女十名のゴスペル隊。〝気〟に飲み込まれていっしょに歌い、笑う。

紅茶タイムをはさんでビンゴゲーム。この日の景品は豪華版。友人の皆さんから寄せられた品々をちょっとお見せすると、ニナリッチの香水セット、漆塗りの弁当箱、金のペンダント、有名彫刻家のペンダントなどなど……。ビンゴ一番の人から好きな景品を選んで皆さん満足の様子。

パキスタンから帰ってきたばかりの上杉さんも、旅の疲れがここで飛び去ってくれたよう。みんな晴れやかな顔で、心のしわはすっかりのびそうだ。

十六日、津田さんがまたまた「国際老人マラソンかすみがうら大会」でどうどう三位の銅メダル。国際マラソンは今回で四回目の出場とのことで、前三回もメダル獲得の好成績。五十代から出場のコースを、七十四歳が五十代の若者をすいすいと抜いて走った姿を浮かべて、全員でバンザ〜イ。

伴走者の方のご尽力にも感謝した。

さて、一年。生活者の自立と共生への努力は並大抵ではなかったと思う。乗り切るエネルギーは、これからの人生を燃えつくすことを保証しているように思える。悔いのない一日一日をみんなで大切にしていこう。

応援団の皆さんに感謝を込めて。

１年を振り返って――

一九九九年、桜の花が散って、移動した柿の木、梅、みかん、きんかん、もみじ、南天、桃の木、つげ、つつじなどに雨がふりそそいでくれる。蕗の苗やみょうがなども移転ができて、庭に出ては、木の幹をたたいて芽を出してほしいと声をかけていた。

緊張と期待の四月からかれこれ一年を迎える。始めよければ終わりよし。さてどうでしょうか。

ＣＯＣＯ湘南台の生活に入ってからこの一年は、変化に順応していこうとする心のたたかいと新しい生活のことごとに挑戦していく体力、それに座り心地を調節していく雑事に追われたと思う。

皆さんも同様に右往左往されながら月日を追い、小さな楽しさからコミュニティを形成して流れをつくってきた。

その間、夜、腹痛で病院に行って「寝冷え」と診断されたケース、外出先でころんでケガして青あざをつくったり、発熱して往診を受け入院するなど、そのつどさざ波も立ったが、また落ち着いてもきた。

医師拒否で困ったケースにもであったが、うまく乗り越えてきたと思う。

グループリビングという共同生活の中での〝自己決定〟の範囲はどこまでをさすのか模索してきたが、家庭でも考えられる範囲と同じだろうという結論に達した。

発熱や腹痛を訴えながら診療を拒否することを自己決定といいつつも、まわりの人は手のほどこしようもなく心配で全員ストレス症候群に見舞われるのだった。

こんなこと、あんなこと、みんなで解決していこうとする家族会議は一人ひとりを思う温かな事件。わるいけれど実例実験となっていった。

いま生活者は趣味に生き、芸術鑑賞、ときにホームドクターを訪ね、私の知るかぎり、私も共に自分の時間がほしいと退屈に憧れているところでもある。

第3部
七つのポイントのハーモニー
どうしてグループリビングが作れたか

［第1章］　問い合わせの電話が物語る高齢者の状況

1　電話は心の救急車

マスコミにＣＯＣＯ湘南台のことが紹介されるたびに、問い合わせの電話や、突然に訪ねてこられることが多くなった。

コーディネーター役とサブは、少ししんどいときもある。

管理人か事務所の方はいませんか？

「はい、ここはどちらもいません」

【独白】十人で管理人や専従の事務員を雇用してやっていけるの？　もっと考えて電話してほしいわ。

「私、コーディネーターの西條です。ご用件は何ですか？」と先様の用件を伺う。

「つかぬことを伺うが、コーディネーターの費用は入居者が出すのか、それとも行政からでるのですか？」といきなり聞くのであった。

【独白】まあ、失礼。給料もらってなんて、こんなことしないわよ。

「ボランティアですよ。つまり入居者も自立と共生でＣＯＣＯ湘南台の運営を役割分担してますから、その一つとしての私の役割です」

さらにこう聞かれる。「管理人的な人はいないでやっていけますか？」

【独白】ひつこいな、何を聞きたいんだろう。

「自立と共生、大勢の家族と思えばいいかがです？　バックアップの運営委員会やボランティアのみなさんに支援されていますから。下宿屋やマンションと違いますからね」

【独白】顔が見えないから、よく電話でこんなことを聞いてくるが、この手はほとんど男性である。

「あのー、こちらからお伺いしますが、何のご用でしょうか」

「いやなに、私の古いアパートがあくんでね。そちらを見せてもらって、どうやって年寄りを入れてやったらいいかと検討したいのです」と言う。

【独白】年寄りを入れてヤル！　それは商売じゃないの！　でもここが大事。

「お年寄りで金儲けする人が多いけれど、それはちょっと私にご相談されても困ります。ここは非営利活動法人ですから」

「家に困っている年寄りに安く貸してあげるつもりなんだ」

「そうですか、商売のご参考にはなりませんよ」

「見せてもらえませんかね？」……

そんな話が山とくる。高年者に警鐘を鳴らしてあげたい。

そのような方々には結論として、「見学日においでください」と話す。

私は人の心を改良する力は持ち合わせていないが、見学者のみなさんのなかで、ふと考えを改めて再検討されることがあるかとも思う。

高齢で仕事も終わったし、金もそこそこの高年層には、古くなって入居者がいないアパートを老人用にすれば、アパートはまた再生し家賃が入るようになる。年寄りは何かと世話がやけるから、一室に管理人でもおいて任せておけば……とのことなのであった。

商売だったら考えるのに一理あるが、根底にある価値観が嫌い！　許せない。

2　相談の山の一端

あるとき「ＣＯＣＯ湘南台のようなところがないか」という相談の電話。

それによると、その人の実母は七十四歳で一人暮らし。自分はいま、夫の母親を引き取っていて、実母を直接面倒みられない。自分の子どもに朝食を食べさせてすぐに家を出て二時間で母親の家へ。昼食をいっしょに食べたり、買い物に付き添ったり、話を聞いたりして午後二時に別れ、また二時間かけて帰宅。夕食の支度にとりかかり、洗濯は夜半になる。

週一回の訪問とは思っていても、電話で風邪声を聞くと、またとんで行く。疲れるとついいやみも言ってしまう。どうしようと思っていたところ、新聞でＣＯＣＯ湘南台のことを読み、「そういう暮らしはいいね」と母も希望しているという。あるホームに行ってみたけれど、一人四帖半だったので母は気に入らなかった……、と。

質の高い低いは別として、ケア付きホームのリストをファクスで送った。

後日、お礼の電話ではホーム入所の手続きの準備が始まり、母も安心しているとのことだった。

こんな話はほぼ毎日で、ＣＯＣＯ湘南台のためのコーディネーターより忙しい。

市役所が午後五時で終わってしまうから、夕方以降はとくにこちらに回ってくるらしい。

さらに、悩みを聞いてほしいといって長電話の悲しそうな声にも耳を傾ける。

「私は魔法使いじゃないので、お宅のお嫁さんの暴力をなおすことはできないが」と前置きして人権一一〇番もあることを教えるが、その勇気はないらしい。

「私もＣＯＣＯ湘南台に入居したい」。

「私のつくった空《あき》アパートを利用しませんか」。

「静岡に温泉付きの家を予約した。ホームメイトが集まらないので困っている。どうしよう。お宅の申込者をゆずって」――え？

「最近、近所の一人暮らしの人が徘徊を始めたので預かってほしい」。このときは、市内の特別養護老人ホームを紹介して、早急にショートステイとしてもらったケースもあった。

情報をたくさんもっていることは確かで、「質がいいか悪いかは知りませんが」と一覧表のファクスか手紙を送る。選択は自分でしてもらう。

たいていの人は、安心して喜んでお礼の手紙をくださる。こんなことでも役に立つのなら、これも社会貢献の一つ。ＣＯＣＯ湘南台は、いまもまた元気よく受話器を取る。心の電話救急車みたいになりつつある。

日本中の高齢者と介護者の状態が、より深刻であることが見えてくる。

電話を受けて具体的に何のお手伝いもできないけれど、見知らぬ人と共感しあったりしていくうち、お互いが励ましあっているのに気づいたときであった。

3　高齢者グループリビングのメリット

寝たきりにはならない、元気印に生きる高齢者グループリビングには、利用者と自治体・国にとって**表1**のようなメリットは必ず表れてくる。

たとえば生活面では、

・孤独感から解放される
・自然との会話や地域交流
・バランスのとれた栄養が健康的な心と肉体を保持する
・社会的入院という悲劇から救われる

このことは、自治体にとっても国にとっても、医療費の負担軽減、ひいては社会的入院といわれる指定老人病院への最終入院という莫大な老人医療費の低下に貢献する。

元気に生きて健康に投資するか、不幸にして介護不在の寝たきり状態に消費するのか、その点を議論せずにとまどう自治体の発想こそ不健康なのである。

表１　ＣＯＣＯ湘南台方式高齢者グループリビングのメリット

利用者は元気に！		自治体・国のメリット
気心の知れた仲間との暮らしは、孤独感をなくし、心身の健康を持続させるうえでも有効です。	健康面	老人医療費の軽減につながります。また、長期入院（社会的入院）の弊害をなくし、老人保健施設の短期利用で、自宅（グループリビング）に戻れます。
民間非営利グループでの暮らしは、『自立と共生』によって寝たきり高齢者をつくりません。 仲間の助成と自治体の支援によって、ルールも自分たちで決めるので、自由に生活ができる。また、自治体の一部助成と介助により、生活に幅をもたせることができます。	助　成	介護保険制度の適用者に対して、ケアする側に立つと、バリアフリー住宅なのでケアが容易になります。 老人ホームや老人住宅、またホーム措置費や建設助成から考えると、グループハウスの建設への一部助成、バリアフリーシステムへの器具助成、運営の一部助成で財政的軽減に効果があります。
個室は使い慣れた調度品を置いたり、好みのカーテンをしたりすることにより、うるおいのある生活ができます。	精神面	孤独の解消になり、痴呆性高齢者をつくらないという効果につながります。
防災を考慮した住まいづくりをしているので、安心して暮らせます。	防災面	防災などの点検や助言がしやすい。
情報が得やすく、伝達も早い。	情報面	高齢者の生活形態が参考になると思います。
開放型のグループリビングなので、ボランティアの交流が継続しやすいし、地域からも孤立するようなこともありません。	人手について	市の在宅福祉サービスセンターの担当窓口と、現行のコーディネイト程度ですみます。
共同利用する器具があり、生活資源のむだ遣いを防げます。 リサイクルの推進がスムーズにできます。 すっきりした生活空間が楽しめます。	環　境	省資源化、省エネルギー化に役立ちます。 ごみの減量化とリサイクルに役立ちます。 都市の美観と空間を保つことに役立ちます。

バリアフリー高齢者住宅研究会発行『「自立と共生」バリアフリー高齢者グループリビング暮らしの実験【ＣＯＣＯ湘南台】』より。

日本ではまだ精神的なバリアフリーが存在しにくく、活き活きと歩む自立と共生の精神は先進諸外国のように育っていないと思う。しかし、自立と共同体への参加によって、個人の自由を楽しむことができるときっとよい結果が生まれてくるだろう。

ちなみに藤沢市を例にして、必要数を推計してみる。藤沢市の一九九八年二月一日現在の人口から六十五歳の一人暮らしは、

男性…七八一名　女性…二九七二名

計　三七五三名（この数字は藤沢市の人口の約一%にあたる）の数字があがっている。

在宅の寝たきり高齢者は別に、

男性…一四三名　女性…二九九名

計　四四二名

この数字は、好んで独りの人もあれば、子どもと地続きの土地での一人暮らしもあるので、かりにこのうちの一〇%の人のことを考えたとしたら、三七五人分として、グループリビングが九人+コーディネート一人で十人、三十七〜三十八戸必要となってくる。

また在宅寝たきり男女四四二人の五〇%の人が特別養護老人ホームを必要とすれば、二二一人分、これから五〇床のホームが五〜六カ所必要となる。

グループリビングを一戸建設するには用地は別として約九千万円から一億円（うち利用者も出資する）かかる。特養ホームよりははるかに建築経費は安いだろう。

〔第2章〕　なぜ私たちがグループリビングを作れたか

三年間という短い期間に、空中分解もせずにここまで到達したのには、研究会が乗り越えたポイントがある。それを整理してみると、七つのポイントがかみ合って動いた春夏秋冬の陣でもある。

1　つくろうとする街の風土

藤沢の街はやさしいと、他市の人々から話を聞く。店員さんも駅員さんも住民も明るいと、都市からこられた人々が言う。井の中の蛙とよくいうが、長く住み、暮らしている私には気づかなかった。「同じおかずでも、隣のごはんはおいしそうに見えるものなのよ」と謙虚に答えながらも、まんざらでもなく嬉しいのは私だけではないと思う。

市の人口が九九年十月一日現在、三七万七七五五人。うち男性十九万六六六人、女性十八万七〇八九人、世帯数十四万七〇一一、一世帯平均二・五人強である。南に海、南北に二本の二級河川が通る。人口からみると、本気で人間都市をつくろうと思えば、そこそこの理想の規模ともいえる。

私がこの地の学校に通い、勤務もし始めたころから、市民はこの街に公民館と図書館を求めていた。

当時、教育委員会社会教育課の取り組みは先進的で、十三館の公民館を中学校区につくり、図書館四館構想を受け入れ、三館目も出来上がったところであった。

公民館は自主活動、自主的学習のすすめと市民自治の実践の場になったことはいうまでもない。

また公民館のほかに「市民の家」と「子どもの家」があり、どちらも中学校区単位に存在している。「市民の家」の用地は借り上げ型と取得型で市が建設し、地域の十四、五名の運営委員で自主運営している。

はじめから運営委員を地区の自治会が推薦して決めて、自主運営方法のマニュアル作りから始まった。だから、運営の方法も地区ごとのカラーが出てきて、地区によっては管理的なところ、自由である代わりに汚れっぱなしのところいろいろで、すったもんだの末に民主的運営を学んで、住民自身の手によって改善されていくのだった。

たとえば、地域の人が亡くなり、葬儀のために市民の家を貸してほしいとなる。しかし、運営委員が「葬儀なんて縁起が悪いから」と断ろうとすると、別の立場の人が「市民の家なんだから、空いていたら使ってもらう権利があるのでは」と言う。そして市民自身の財産は、市民のあらゆる層のために利用しなければ、と一件落着。つまり、ここはボスができたり、喧嘩したり、議論して、民主主義とは何かを実践のなかで学ぶ街の学校なのであった。

かつて公民館の自主的学習が活発だと行政にうるさい市民を育ててしまうとか、いやがる首長周辺もあった。しかし、藤沢は率先して行政が活動の場を提供した。

飛躍的に公民館や市民の家ができたのは、元市長の葉山峻さんの時代だが、かつてうるさい市民をつくるとけむたがられていた時代に、私たち研究会のメンバー数人は若かりしころそこで学んだのであった。自らが学習プランをたて、グループをつくり、自ら育ち合った土壌がそこにはあった。

「子どもの家」では、近所の母親たちが交替で子ども達を見守る人になったり、小さな文庫もあり、幼児から中学生までわいわい遊んでいる。地域のコミュニティで顔を会わせ、子どもも遊びを通して自然と隣近所の子どもとふれ合う。子どものふれ合い、大人のコミュニケーションなど、こんな見えないところで地域の福祉力が育っていると思う。

文化でいえば、合唱団や演劇サークル、オーケストラなどが活動し始め、市内の学者やプロの指揮者が惜しみなく応援してくれたことも大きな励みであった。

差別とか、人権、男女平等、平和などの学習活動をしながら市民が育った風土といえる。理屈っぽい市民ではなく、ともしびの火のような小さな心が、根っこの部分を支えあっているようなところがある。

いまは、この地で生まれた人は三〇％、転入組七〇％の生活圏でもある。このともしびの火種の一つが燃え始め、みなさんの応援を得て出発したのが、バリアフリー高齢者住宅研究会なのである。

街のみなさんと市民と自治体の新しいパートナー時代を築いていく一歩だと思う。

2　研究会員十六名のチームワーク

「高齢者グループリビングで暮らさなーい？」と女性だけが集まるのでは、前進しないで解散になるケースが多いだろう。もちろん住まいのことを考えるのも大事だけれど、暮らしや生活の場面になると、女性たちの特技とばかり、女性集団になりやすく、これではうまくいかないだろう。

ＣＯＣＯ湘南は、四十代から七十代の男女にアタックして編成したチームである。異業種間の交流、意見交換が大事といわれるが、異なる意見をもつ、ノウハウをもつ、知的財産家の参加を求めることに成功したのである。

お互いの意見を聞いたり質問しているうちに、日本や世界の経済から、歴史、環境、医療のほか、建築法までの社会科学校であった。バリアフリー高齢者住宅をつくろうとのテーマで進めながら、同級生の集まりのように、恥も外聞もなく話しあえた楽しさが力になっている。

「友達、連れてきていい？」。椅子が足りる・足りないなんて問題にしない、即座にオーケーである。この誰でも受け入れる開放性は、ときに研究会員の友人やオブザーバーとして参加する人々の意見を聞くことができる場でもあり、この人たちは一、二回参加していくうちに、レギュラーになっていく。

十六人の研究会員のほか、オブザーバー、アドバイザーとして、女性の弁護士・税理士、ジャーナリストなどが参加した。

研究会を次々に進めるためには、膨大な実務をこなさなければならない。しかし実務的な事務員はおけないので、研究会員のなかから実務と数字に強い人が二人くらいで記録やまとめを受け持ってくれ、次々に議論の題材を整理して提出していってくれた。

男女平等が憲法二十四条に明記されてすでに五十年。この研究会を通して、政治・経済・労働ばかりでなく子育てや両親の介護にいたるまで、たくさんの不公平に気づいている。

新聞報道によれば、イギリスでもかつて女性の権利を求めて活動した人たちのなかに、自分の息子のつれあいに対しては、仕事を辞めて親や夫に尽くしてほしいという人が増えて、自分のとってきた理念と真っ逆さまの要求を出しているケースがでてきたという。

そして一方、息子の妻からは「夫の親が夫を甘やかしすぎる。せっかく平等な夫婦関係を築いたのに、義母が壊してしまう」との不満も出ているそうだ。

そのてん、私たち研究会のメンバーは男性も女性も自立した市民であったことも見逃せないことである。

3　同じたまり場

小さくてもボロでも、気兼ねせず、気楽に集まって話せる場が必要。しかも、会場費がタダか安いことである。

誰かが毎月会場の申込みに行って、使える・使えない・未定だったり、個人の家で一人に負担をかけても重荷になってしまう。場所をどうしようかといろいろ考えているうち、社会福祉法人藤沢育成会のグループホーム「かわせみハイム」のリビングになった。

ここの職員が研究会員でもあり、生活者は日中は作業所にご出勤中。何とかすれば二十人くらいは座れそう。車も少し置けるので、そこに決まった。

この研究会はそんなに食いしん坊と思わないが、会員の出身地のお菓子やこの地の焼き芋が差し入

表2　1000万円プロジェクト諸費用

■収　　入		備　　考
研究会費	108,000円	300円×12名×30回
ワーキング	36,000	300円×5名×24回
寄　　付	500,000	
資料頒布	38,000	500円×76部
雑収入	20,000	
合　　計	702,000	

■支　　出	実　費（説明会・交流会）	ボランティア（研究会）	ゼロの部分の換算額	備　　考
会場費	24,000	ゼロ	100,000	
会議費	48,000	ゼロ	100,000	
備品費		ゼロ	300,000	ワープロ・カメラ・ファクス、コピー
備品車輌		ゼロ	200,000	訪問他　自家用車提供
印刷費	350,000	ゼロ	120,000	各自のコピー代金
通信費	166,000	ゼロ	320,000	個人電話使用代金
交通費		ゼロ	160,000	提案・申請・調査・その他
調査費		ゼロ	30,000	調査・その他
編集デザイン費		ゼロ	200,000	
建物設計費		ゼロ	5,000,000	
需用費		ゼロ	90,000	渉外・その他
NPO	50,000			
事務局費		ゼロ		人件費は計算つかぬ
事務用品費		ゼロ	30,000	
合計	638,000	→プラス←	6,650,000	

＊太枠合計　638,000円＋6,650,000円＝7,288,000円　これに人件費・知的財産の提供を含めたら2倍になるだろう。

れられたり、料理研究家がニンニクパンを作ってきてくれたりする。これも、議論の合間の空気抜きにおおいに役だったのであった。

研究会の終了時間ころ、かわせみの生活者が「ただいまー」と帰宅。ニコッと人なつこい笑顔であいさつしてくれる。

知的障害者の生活者はみんなお客様が大好きでもある。「何という素敵な方たち！」と研究会員は会議の疲れを癒していく。ハイムの生活者も、異なる社会人に接していく一つのチャンスである。

では、このハイムの会場費の借り賃はどうなっているの、まったくのタダっていうのは図々しいと思われるかもしれないので、付け加えると、会員が持ち寄ってくれたお菓子のなかで、生活者の大好きなケーキ類があったら、先に彼女・彼らのために確保する。法人や施設のバザーなどのおりに、物品提供かボランティアで手伝う人もできたこと、これでいい関係が一つ広がってきたのである。

シンポジウムなどは、それなりの格好の場をつくればいい。

そんなにうまくいくかしら、と考える人もいると思う。だからこそ、研究にいろんなジャンルの人が集まることが大事であり、地域の人の知恵も借りられるのだと思う。

自分一人の目標でただひたすらに歩くことより、十六人の知的財産が必要なのだといえよう。

4　私も暮らすから——積極的な当事者の参加

何ごとを計画していくのにも、男女で考えることが大事なことと、とくに暮らしづくりには当事者の参加を欠かすことはできない。

当事者とは、六十歳以上の人。そして家族と住んでいる人、単身者、いろいろな当事者がいい。研究会のなかには四名いることになる。

いますぐに住むのではなくても、第三の人生が目の前までやってきているのだから、体力といい、時間といい、家庭の事情といい、老後を考えるチャンスである。また、四十代のころの理想にプラスして、現実に直面したシビアな要求もたくさん抱えている。

中高年が考える「高齢者のためにこれがよかろう」ということからはじまり、当事者が「私自身なら、こういう場に、このように暮らしたい」とはっきりしたポイントを出すことは大事なことだ。

行政が種々の福祉制度や施設をつくっても、当事者が入らないで、単に調査や年齢や収入など数字上の尺度で計画を進めたものは使いづらい面が多い。

一方、六十五歳以上の人たちだけで集まって作っていこうとしても、計画はできても自分たちのためには実行に移せず終わるケースもある。

求めている当事者側も「できたら入居するわ」なんて、のんきなよりかかりの気持ちでいると、いつか置き去りにされてしまうだろう。公や家族によりかかっていた気持ちを、今度は人様がやっている研究会によりかかっていくのは、あまり歓迎しない。積極的に参加していくことである。若い人にとっても体力と時間を使い、将来を考えるケースでもある。

住もうとする人は、その年代ならではのリアルな現実を把握して、自分が受け取る年金と入居したときの月額生活費の比較、その費用の工夫も考えるであろう。

5　現実を知る——実地調査や事例研究会、アドバイザーの助言も必要

現実に高齢者がどのように暮らしているか。

広い敷地のなかで、家族と別棟で一人暮らしをしている安心コース。古い地主ゆえに広い屋敷を守るために、はいずるようにまったく一人で暮らしている孤独コース。お風呂で倒れていたりしたらと心配コースなどなどいろいろ。

病院の訪問もしてみることにした。しかし、病人は見せ物ではない。医療関係に従事している会員や、別のレポーターなどにも詳しく話を聞いたり、知人のお見舞いに行っている研究会員がその眼と感度で見たことを報告してもらったり。また、家族の入院で生じた課題を出しあってみた。

そのほか、特別養護老人ホーム、養護老人ホーム、軽費老人ホーム、有料のケア付きホームなどなどの現状分析をしていく。するとこわい話、管理的な話ばかりで、いい話はなかなかない。

ではいったいどうするの？　どうなるの？　自分自身の計画を元気なうちに、自らが立てなければ、しーらない、ということになってしまう。現実をしっかり見つめる必要がある。

研究会には介護・医療の専門家だけが必要なのではない。税理士、弁護士、元ジャーナリストなど直接参加できない専門家の方々にもおりおりのプランを相談したり、費用や一時金の扱いなども学習していった。

手みやげも月謝もなしで、図々しいことだったけれど、みんな自分の金儲けのためにのみやってい

るのではないという自負心もあった。それにしてもみなさん好意的に協力を惜しまず助言してくれた。私たちは、すぐにそれを栄養剤にしてしまうほど、知識に貧していることを知ったのである。アドバイザーには、上記の方々のほか、コープかながわ給食センター理事、国会議員の政策秘書、病院長、獣医で大学の先生、福祉施設長など、必要に応じてお願いした。

６　地域の社会的資源とのネットワーク

保健医療

高齢者の暮らしの研究を始めた皆さんから、社会的資源とのネットワークをどのように進めたのか、よく聞かれる質問の一つである。保健医療機関とのネットワークや支援施設は、家庭に暮らしていても必要なことだ。

このネットワークをつくるには、研究会を立ち上げるときから意識的に介護などの専門家の助言を求めるようにしていくことが必要だと思う。そこで、ＣＯＣＯ湘南の研究会員十六人に高齢者の介護専門家はとくに欠かせないと考え、そのような人たちに依頼してメンバーになってもらったことは前にも書いた。

研究会では、建物と暮らし方をいつも並行して議論して進めてきた。

建設の地によってかわってくるが、どこに作られても社会的な資源を充分に使えることを研究しておくことは大事である。

ホームドクター、病院、デイサービス施設、その他施設の協力は心強いものだ。ＣＯＣＯ湘南台開設後、支援病院の副院長、介護支援センター長やソーシャルワーカーのみなさんも訪ねてくださって、私たち生活者と夕食をともにしたり、交流を深めている。

耳が遠くなると人との会話がすすまなくなって呆けてしまうから、と耳鼻科の先生が心配して、耳のホームドクターも決まり、さっそくＣＯＣＯ湘南台を訪ねてくれた。

ホームドクターとして、近隣の循環器系専門医師と消化器系専門医師もお願いし、生活者は選択し納得して利用し始めている。

食のネットワーク、家政のネットワーク

高齢者の楽しみと健康を保つには、食事が大事な要素。研究過程から顔を出してくれたのはコープかながわキュービックの役員さんであった。

高齢者の給食センターを開始して十年のキャリアといっても、昼一食のお弁当とは違う。一日二食一年三六五日の食事を家庭で提供するという新しい試みなのだ。栄養価とバランスを研究してきているけれど、昼食と夕食のメニューのバランスや一週間、一カ月と長期にわたる献立を考えること、またどの人にも合った味付けなどはむずかしい。

私も「主婦の手作りで」というキャッチフレーズのＨの会や、Ｍの会の給食を数回食べたことがある。このなかにはホームのなかで、食事のパートに責任をもっている会もある。

研究会員十六人は街のなかで十年から二十年と小さくても地域活動をしている。するといろいろな

方と出会う機会が多いと思う。

文化活動・スポーツ・農園づくり・ボランティア・その他、あるいは公害反対運動など、市民活動では学歴や役職など関係なく対等なつきあいをしていく。

しばらくして「お医者さんだったの？」とか、「へ？　大学の先生？」「あなた、重役さん？」となり、「何かのときによろしくね」とかいいながら、特別に利用しあうこともなく活動のテーマで交流している。

しかしお互いに、それぞれの分野で知恵を得たいとき、その人を思い出して「お友達が足が痛くて困っているの。どこかいい先生いませんか？」と紹介してもらったり、反対に大学の先生から「○○地区の環境調査（アンケート）をしたい学生がいるけれど、誰に相談したらいい？」などすでに異業種間の交流があった。

日頃の地域での活動の輪のなかで、自然にネットワークができたのである。突然このようなグループリビングを一人で考えて、一人でやっていこうとすることには無理があるかもしれない。

しかし、ネットワークしなければ一人の力は限られている。もし新しい地でネットワークしようとしたら、計画書をもって、真正面から面会を申し入れて理解を得ることも一つの方法。一回でパスすると思わないで、信頼を得ていくようにすること。人と人との出会いはいつもはじめがあるのだから。

ボランティアとのネットワーク

なんといっても公助・共助・自助の順番が理想だが、いまは自助・共助・公助のくらいを示している。本当は三角形の底辺が自分の自助、あとの二辺は共助と公助と正三角形の関係にもっていきたい。

ボランティアグループからの支援には、文化・スポーツ・レクリエーション・労働提供とさまざまあるので、提携のあり方をお互い理解しあう必要がある。

まずは、高齢弱視者もでることから、視覚障害者のボランティア「耳から聞く図書館」、散歩などを手助けするガイドヘルパーにも声をかけた。ジョギングコーチ、テープライブラリーの声の広報や読みたい本の朗読もある。

福祉施設のデイサービスなど、受ける側からの積極的なはたらきかけで支援体制が生まれて、円滑に働きはじめてくれる。

文化の面では、クリスマス・サロンコンサートの受け持ちは洗足学園大学の音楽科のみなさん。春のコンサートは教会のゴスペル隊やその他のみなさん。アトリエに置いたピアノもボランティアからのいただきもの。

九十五歳のダンスの先生から、ダンスの勧め。気功の達人から講師の申し出。市民ミュージカルから出演依頼。県の課長さんが土・日曜日に泊まりがけで労働奉仕に訪ねてくれたり……。

ＣＯＣＯ湘南台は、ボランティアのメッカさながらのところもあっておもしろい。

これでいい。地域の共生ってこちらも何か役立たねばならない。

生活者のパワーで〃地域貢献なんでもスーパー〃のように揃っているＣＯＣ

○湘南である。

７　膨大な実務をこなす力

たくさんの知恵と力が集まって、研究・開発のリズムが動き出す。人々の知恵をタダでいただき、これまた力もいただきながら、協力要請をしていく。「お願いね」だけではとうぜん通用しない。私たちの考えや研究内容を見えるかたちにしていかなければならない。

そこで、数字や活字、図面を駆使して文章化し、根気強く書面を作らねばならない。行政などからは「明日、書類を出して」、なんていうことにも対応し、書き直しを迫られることも覚悟のうえ。このような膨大な実務をこなす力と即戦力が必要になる。作った書面は数知れず。

①提案していく実務書と協力要請書
②利用したい人にわかりやすい説明書
③地域交流の基礎となるパンフレットづくり
④事業計画書と財政計画づくり
⑤行政用、保健医療関係用、地域用の計画書、その他の説明資料
⑥契約内容案
⑦ＮＰＯ法人申請書

などなどの実務を三名が担当した。

さらに、企業や労働団体の福祉事業助成募集五件があったので、その内容案内書にもとづいて私たちの研究を提出したが、徒労に終わった。ボツ！　案内書には「斬新な、初めての福祉事業」とか謳ってあったが、私たちの研究が理解されるにはいたらなかった。一件当たり十ページ以上の文章と財政計画やメンバーの紹介など三日以上徹夜したのも、これから無駄にはなるまい。ワープロに首ったきだったボランティアに深くお詫びした。

以上の七つ道具ともいえるポイントがうまく機能していくと、研究会は定例会議とは別に活気づき、いっせいに走り出していくのである。

＊

三年間の研究会のはじめは夢に燃えて、階段を三段飛びくらいで活動していた。

その間に高齢者をテーマにした映画の上映会の話が出たり、国際高齢者年（一九九九年）のシンポジウムが持ち込まれたり、テーマはグループリビング中心からはずれることもある。

活動を分担してもしきれないと感じたとき、研究会員はパニックを起こしそうになってくる。はじめはそんなところでうろうろしながらも、研究会員はさまざまな体験・勉強を全部栄養にしていく能力を持ち合わせていた。

しかし、この七つのポイントが一本のレールに乗るには一年から二年くらいかかって、研究会がそれらしい、お見せできるスタイルになるのだった。

みんなでしっかり議論さえしておけば、それを文章にしたり、計画書案、財政案につなげていけばいい。結果として、整えられたのだと思う。

やりだしてからあれこれと手直ししながら整っていく。そのときはもう家も完成に近づいているのであって、よくここまできたと「みんなでやればこわくない」の実証となったと思う。

8　最高のプラスワン、それは友達

「このまちあのまち日が暮れて」、また「この道はいつかきた道」とか、歌に懐かしい幼なじみから学校、職場、市民活動、地域での出会い。私などはこれにプラスして病気で入院したきっかけなどで、たくさんの人々と出会っている。それに小さいときは、家族の転勤についてまわって居住地と学校が変わったりもした。

どこに住んでも幼いときの友達は懐かしい。しかし結婚を一つの転換期にして、三十年もすると生活環境があまりにもかわって、本人の価値観も次第に固定してくるから、家庭や地域、環境とは怖いものでもある。

ときたまのクラス会で、封建的な地域の旧家などで暮らした人と、商家に暮らした人、サラリーマンや大学の先生と暮らした人との差があって驚くこともある。

孫のお受験で奮闘中の話、気むずかしいつれあいに苦労した過去の述懐、つれあいとご自分の両親の介護疲れ、息子の自慢から、また四十過ぎ独身男性の嫁さがし、楽しく海外の旅で飛んでいる人、娘の出産の手伝いで海外に行ったという、まんざらでもない海外経験など、懐かしくしゃべりあって、おのおの話を聞き合っていても、学校時代と変わらない面影を垣間見る。すでに地位とか財産とか関係ない幼なじみは、一人一人、女主人公になっていて、再会をきっかけに訪ねあったりして、遠慮のない交友が復活していくようだ。

男の友情と女の友情がよく比較されるけれど、長い道のりでしみじみ続いていく友情は、男女ともかわらないと思う。高年時代になると、それはかけがえのない宝だと思う。

ＣＯＣＯ湘南台完成までを振り返ってみると、数え切れないほど大勢の人々の応援を得てここまでたどりついた。東西南北を向いてお礼を言いたい気持ちでいっぱい。

その間、私の有名な朝寝坊は公認されるし、「本当は出るのは好きじゃないのよ」といって、「ウソー」と言われながら市民活動を手伝ったり、友人たちと学習と遊びの旅もした。

政治や市民活動でいっしょに腹を立てたりしながらも、壁の前に立つと力強い友達が横や後ろで助けてくれて、支えあっていた。

いま、私にあるものは、ぜいたくなほどたくさんのかけがえのない「友情」という財産なのである。この友情という財産が、このＣＯＣＯ湘南に結集されたものだと思う。

「ＣＯＣＯ湘南台が三年の短期間で出発できたのは、なぜ？」と聞かれたら、やはり即座に友情の結集であったことをあげなければならないだろう。

いま、ＣＯＣＯ湘南台の暮らしは、生活者の年齢と体力にそって、約三年ごとに「介護予防」から

「介護」へと体力の個人差と共生しながらすすんでいる。

一年間生活した経験から眺めてみると、確かに怪我や病気やご家族の不幸などの事件はあった。心配してあたふたしたこともあった。ホッと喜びあったこともあった。そこからみんなしっかり立ち直って、明日につないで共生の道へつないでいる。

生活者のみなさんのこういう独立した自立の姿から、みんなで暮らすエネルギーを汲みとり、そしてまた自立と共生の道をしっかりと歩み続けようとしている姿に、今度は学んでいるところなのである。

［付録］ＣＯＣＯ湘南台、紙上内覧会

1　見学会は実験結果の発信

　ほんの小さなアクションではあるが、十六人が開発した「元気印〝自立と共生〟の暮らし」ＣＯＣＯ湘南台の暮らしの実験がスタートした。すると、特定非営利活動法人で、自弁の十六人が開発した高齢者グループリビングを見たい、知りたい、つくり方を教えてほしいとの声が集まる。これをモデルとして自分たちもグループリビングを作ろうと、県内外の大勢の市民が動き出したことは歓迎すべきことである。

　見学会は、全国にいろいろなタイプの高齢者グループリビングができますように、と心から切望しているＣＯＣＯ湘南研究会の発信でもある。

　開設してＮＨＫやケーブルテレビ、新聞や雑誌などの取材で公表されてからは、ますます見学希望の方も多く、九九年四月の家見会（一般公開）を入れて、二〇〇〇年四月までの一年に見学者は九〇〇名を越えた。

　定例見学会は、第一日曜日午後二時から四時までと決めている。

　申し込み順に一回十五～二十人くらいが適当なのだが、当日二人組でこられる人もいて、二十五人から三十人になることもある。

　そのほかに、市内の社会福祉関係者、市内外の保健婦・看護婦さん・ヘルパーさん、そして民生委員の方々のグループや、大学の先生と学生さんなどは特定したテーマがあることから、定例見学会とは別の日を見学にあてている。

そのようなわけで、開設して一年しかたっていないがテーマ別見学も入れて、見学会は三十回に及んでいる。

その他、「出前講座」もある。グループリビングをつくった経緯や暮らし方について、講師やシンポジストとして招かれることが増えている。ＣＯＣＯ湘南の井之川さんと私とが分担してこなし、またテーマによっては設計者の最上さんや、介護支援センター長の星野さんが出席している。

見学者の皆さんは高齢化社会の住まいと暮らし方に真剣な方が多く、それが心強く、説明するときにもつい熱が入る。見学会が終わって皆さんを送ったあとはグッタリ疲れるけれど、不思議なことにさわやかな興奮の余韻が心をかすめていく。

二年目に入る二〇〇〇年は、見学会は第一日曜日の午後のみにしたいと思っている。なぜって、生活者の皆さんが歓迎してくださっているけれど、見学会ではアトリエを占領してしまうので生活者が自由に使う雰囲気が消えてきて、ＣＯＣＯ湘南台の唯一のサロンの役目を失ってしまいそうなのである。

お役に立ちたいことはやまやまあれど、生活者の環境も大切にしたいし、見学希望者の皆さんにはそこのところはお許しいただくしかない。よろしく！

さて！　ここで考えたのが紙上説明会。写真と二三三ページの平面図、資料を見ながら歩いていただきたい。

2　紙上内覧会

玄関から

個室はプライバシーもあり、お見せできませんが、平面図をご覧ください。それでは出発です。（バスガイドさんのようには上手にできないが、何回か案内しているうちに、多少要領はよくなったと思う）

まず表から。スロープの入口から、あるいは点字ブロックをたどって三段の石段を上がって玄関へ（**写真1**）。一坪の玄関は三枚扉の引き戸なので、車いすの方にも開け閉めしやすく、間口を広く使えます。玄関を二重にしたのは（風除室）、冬にここで上着などを着て外に出る、

写真1　玄関。車いすも通りやすい三枚扉で床はスロープ。右の出窓はアトリエの窓。

写真2　アトリエ。家具は私が使っていたものをはめ込んだ。

写真3　大浴室。浴槽には蓋もついていたが、大きくて取り扱いがしにくいので今ははずして倉庫へ。

ひと呼吸の間が必要だから。また、研究会員の助言で車いすを置けるスペースも確保しました。

玄関を入ってすぐが、「アトリエ」と呼んでいる二十五帖の部屋（**写真2**）。個室にあるのと同じ小冷蔵庫・ミニキッチンがついています。お茶を飲んだり、個室にご案内するほど親しくない来客を迎えたりするときに使います。銀行その他、プライバシーにわたる話のときは、二階のゲストルームを使います。

次は浴室（**写真3**）。一階は四人くらい入れる大きな風呂で、二階は一人用。脱衣、浴室とも床暖房が入っており、大風呂は毎日午後五時〜九時頃まで使います。当番表を作り、その日の当番がお湯を入れて、最後の人（だいたい決まっている）が湯を流しておくことにしています。スイッチ一つでお湯は出ますし、もちろん温度調節し、夏場ははじめ四十四度、冬場は四十五度、そのあと七十度にしておいて、お湯を足して温まります。私は日曜日の当番ですが、よく忘れて、たいていは誰か助けてくれるようになっています。

「ミニバー水仙」は床暖房付き

一階浴室の隣は一坪の床暖房付きトイレです（**写真4・5**）。広すぎてもったいないと言われることもありますが、ここで用が終わって着替えるために、これだけのスペースは必要です。たとえば、トイレが間に合わなくて失敗をしてしまっても、トイレのなかで着替えをして外に出ることができ、人の目を気にしなくてすむのです。

このトイレのすみの箱は、紙おむつが入っています。必要な人は自由に使って、外出したりするのに便利。

ちなみにここは、ときに五人くらいの生活者が集まってミニバーに変身しまして、床暖房付き「ミニバー水仙」ていう名で、夜八時から十時頃まで好きなお酒を持参して、飲みながら談笑します。とても上手な使い方と思いませんか？（ここでみなさん爆笑）。どこでも発想を変えれば楽しく使えるし、愉快になります。

さて、廊下の引き戸のドアを開けると、南側に個室四、北に一つ、二階も同じです。個室はドアに鍵がかかります（**写真6**）。個室のトイレも床暖房付きです。

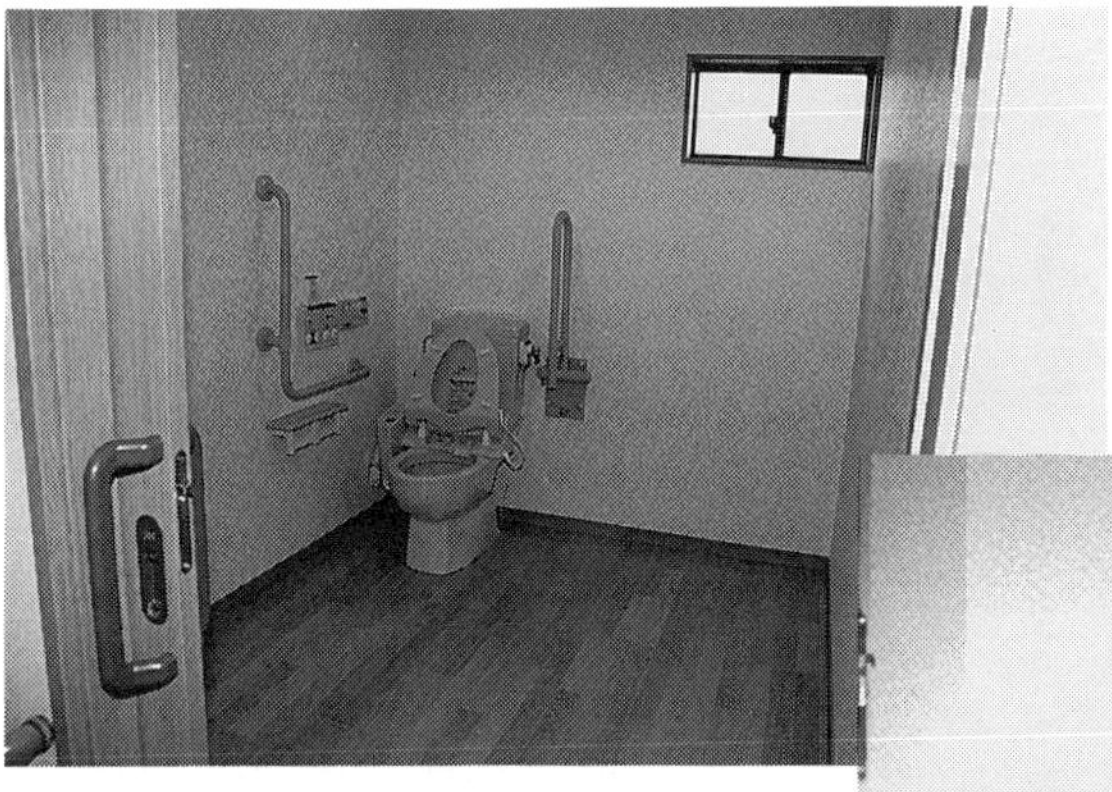

写真４　１階トイレ。ゆったりスペースなので犬のルルもいっしょに入ってくることも。

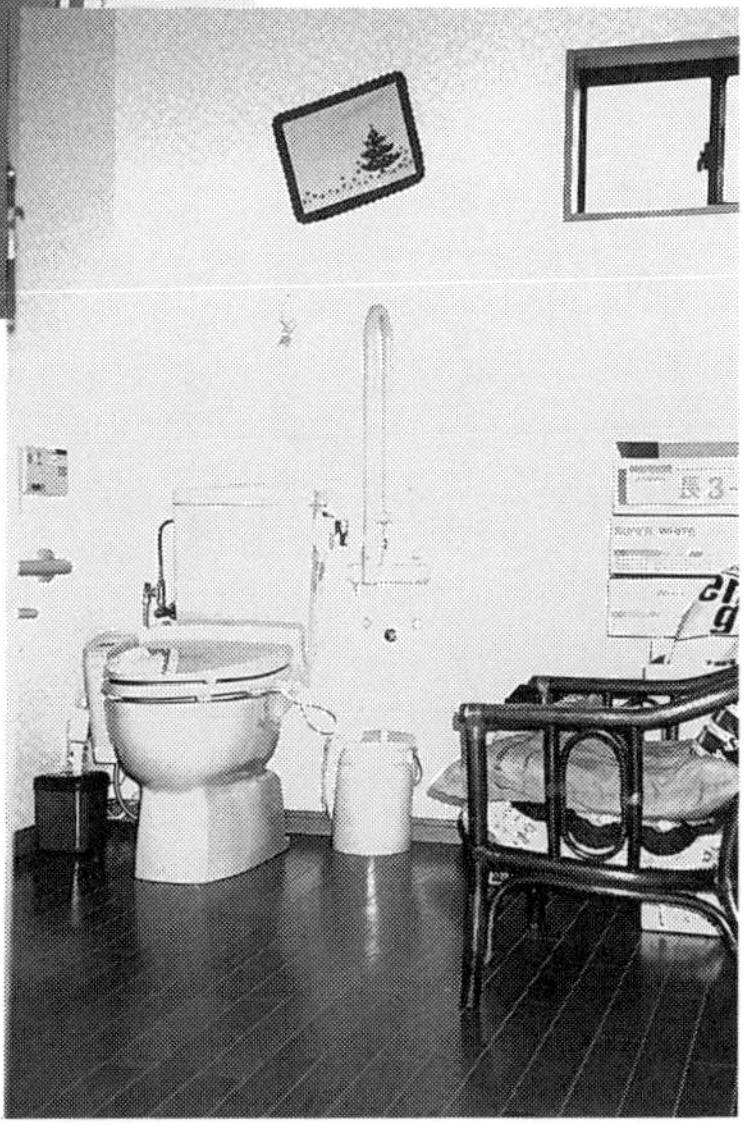

写真５　椅子に座ってゆっくり身繕い。生活者の作品や写真が飾られ「楽しい部屋」にもなっている。

写真６　個室。廊下側からバルコニーを見る。左は小冷蔵庫がついたミニキッチン。真ん中のあいている扉はクローゼット。

廊下の幅は一・七メートルと一般より広くとり、車いすが自由に行き来できるようにしています。もちろん手すりもついています。

勝手口は、家政援助のおり〜ぶや、食事担当のキュービック、ヘルパーさんの出入り口として。また、生活者で夜間遅くに帰宅する人は、ここの鍵を持ってでかけ、こちらから入ります（**写真7**）。

このスペースには、洗濯機と乾燥機が二台ずつ備え付けられていて、一回洗濯するたびに、忘れなければ百円入れることにしています。

二階へ

二階へは階段かホームエレベーターで。階段には手すりをつけ、階段の段はできるだけ低くしました。

ホームエレベーターは四人、二〇〇キロまでですので車いす利用者と介助者一人が乗れます。エレベーターで二階中央の廊下に出ます。

二階の廊下は天窓を二つつけ、明るく開放的にしました。

ゲストルームは六帖ですが、ベッドになる折り畳みソファを二脚入れ、二人泊まれるようにしました。ご家族や友人などの宿泊のためです。ベッドは通常ソファにしているのでここで小会議もできます。

体験をご希望の方は、家族かＣＯＣＯ湘南の会員からのご紹介なら申し込んでいただければ泊まれます。

掘りごたつのあるゆったりリビング

外来者用のトイレを通過して、食堂兼リビングにご案内（**写真8〜10**）。ここは三十五帖で床暖房付き。三十五帖外にシステムキッチンと脱衣所付きの一人用浴室、それと小さな洗面がついています。小浴室は床暖房付きで自分の都合で二十四時間使えます。（「これで十人の食堂？」と広いことに見学者はたいてい驚かれる）

ゲストの方や友達を招いていっしょに食事することも多いですし、アップライトピアノ、テレビも置いてあり、「ＣＯＣＯ湘南サロンコンサート」を開いて地域の方や友人を誘い、四十〜五十名くらい入れます。

リビングの一角を六畳の畳敷きにし、掘りごたつを用

写真７　勝手口。右はエレベーター。左はランドリーコーナー。

写真８　山小屋スタイルの食堂・リビング。奥が掘りごたつのある畳コーナー。

写真９　食堂のテーブルにはキュービックが用意してくれた十人分のお盆。愉快に食事をしたあとはソファでくつろぎのひとときも。

写真10　食堂・リビング。いただいたアップライトピアノ。右の人形と茶簞笥は生活者の提供。

写真11　2階バルコニー。それぞれ思い思いの鉢植えを育て、庭の畑とはまたひと味違ったうるおいを与えてくれる。

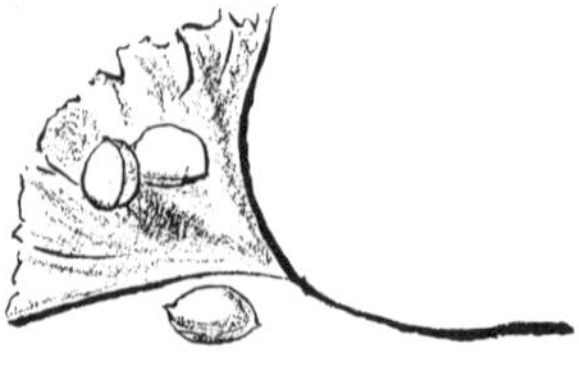

写真12　庭先で。おだやかな陽射しと土と緑、そして仲間の笑い声が元気の源。

意しました。ＣＯＣＯ湘南台は全館床はフローリングですから、畳の場も日本人には捨てがたいスペースだと思います（**写真8**）。

天井はなく、山小屋スタイル。夏は天窓二つが開放されると風が流れて快適です。

庭一〇〇坪の広さとこのリビングの環境が、なごやかな人とのふれあいを助け、住む人々にゆたかなやすらぎを与えてくれます。

壁に掛かっている油絵とタペストリーは、生活者の作品で、廊下などを画廊のようにしたいと目下考え中です。

3　COCO湘南台 Q&A

Q1　グループリビングとは？

ＣＯＣＯ湘南台は個人の生活部分（個室十五帖とバルコニー）と共用部分を上手に使って、自由な暮らしを計画して毎日のリズムをつくっていく、「リビング＝暮らし」を主眼にしたものです。個人のオーナーが経営するホームではありません。

ここでの生活スタイルは学生時代の寄宿生活を思い起こしたり、旅で泊まったペンションみたいな錯覚を起こしたりして快適です。狭いところに鼻をつき合わせて生活しているのではないし、下宿屋とも違います。

生活者同士は終生の友になり得るのではないでしょうか。この建物と暮らしは小さな文化圏を確保したような気分です。

Q2　入居者を選ぶ方法について

原則公募。広く皆さんにお知らせして、入居希望者に研究会員二人がお訪ねして、どのような生活を望まれているのか伺ったり、研究会が考えた暮らし方を話したりして、最終的に自己決定できる方。費用も自己調達で。息子に出してもらうのはダメ。

Q3　勤めをもっている人も入居できますか？

ここを起点にして自由にお勤めをされたらいいと思います。またボランティアや趣味の活動などにも積極的に参加されることをおすすめします。

Q4　障害者も入居できますか？

この生活に共感された方なら、車いすでもどなたでももちろん大丈夫です。ただ、療養施設ではないので、はじめから全面介助はできませんので、全面介助が必要な方の入居は無理でしょう。

Q5 ここはいつまで暮らせるの？

生涯型なので、死ぬまでです。

独居から考えれば、十人の音と声を掛けあっていくことができ、共生とはまさにそのようなことです。

イタリアでは、独居高齢者同士が訪ねあい、車いすを押して散歩している姿を見かけますが、お互いのボランティアは大切なことで、自分自身のためにもよいことだと思います。かといって、そうそう理想通りに運ぶかどうか。これは日時をかけて住んでいくうちに友情が育ってくると信じています。信じあわなければ何もできるはずがないですから。

「私はそんなのいやだ」と考える人は、たぶんこのような生活は無理だろうから選ばないほうがよいでしょう。

お互いが介護をしあうのが目的ではなくて、主な介護はヘルパーさんであり、私たち生活者は温かなふれあいを大切にしていくことが目的です。

Q6 ここで呆けたらどうなるの？

この質問がどんなときも一回はでます。

このような暮らしは孤独や呆け防止の元気印に生きることが目的でもあります。また突然そんなことが起こって、風呂敷を背負って外に徘徊して危険となれば、サポートしてくれる医療機関に相談して、家族のある方は、その方にも相談して、本人にいちばん適した方法をとる以外にないでしょう。

徐々に忘れっぽくなることは、これは当たり前のことですし、一般家庭でも同じだと思います。

Q7 寝たきりになったらどうするの？

よほどのことがない限りは、寝たきりの姿は考えられないと思います。

入院・治療を必要とする場合は、ネットワークの医療機関か専門の医療機関を利用して、それでも回復に時間を必要としたら、老人保健施設を経由してCOCO湘南台に帰る。COCO湘南台がわが家なので、あくまでも支援と工夫で共生していきます。

そしてここで、介護保険法の出番があるでしょう。介護保険だけのサービスでは足りず、上乗せサービスも必要かもしれませんが、本人の状態と本人の意志の確認によってケアプランをつくって介護をうけることで、在宅介護をどう乗り越えるかも私たちの「暮らしの実験」。そんなに神経質にならないで。

ここでは人間の声がする関係があります。ボランティアが声をかけやすく、孤独感は少ないのではないでしょうか。どんな状況でも孤独感はあると人は言いますが、そのような孤独感もなければ自分を見失うと思います。人々というにぎやかな木の下での孤独感と、本当に誰もいない砂漠のような寂しさのなかでポツンとただ一人でいる孤独とでは、孤独の質が違うと思います。

Q8　介護保険で「要介護」と認定される前、いわゆる少し虚弱になったときは？

そのことは、私たちの「暮らしの実験」過程や皆さんの体験でどんどん自治体に問題提起していきませんか？　COCO湘南では、要介護と認定される前の段階を考えたサポートプラン――介護予防のシステムづくりをしているところです。

Q9　入居金は入居して数年で終わった場合、返金されるのですか？

法律でいえば、年数にわりふって返さなければなりません。COCO湘南でも、遺族からの返金の要求があれば応じることにしています。

はじめからあまりこだわって、企業の有料老人ホームのように計算を立てて、いろいろ約束をしたとしても、グループリビングの新しい暮らし方は進まないと思います。なんせ、用地・金なしでの出発なので……。

笑い話の冗談で、はじめのころは「私は三日で死んでも返してもらわなくていいわ」と話していましたが、意外と長くもちそう。

Q10　生活費はいくらですか？

現在、月額十三万六千円と計算しています（詳細は八五ページ）。もし入院や旅行などで留守にしたときは、食費は十日、二十日、三十日で区切って翌月三分の一、二分の一、全額と返すことになっています。

その他の費用は、自宅の確保という意味合いで費用をおさめてさえおけばよい仕組みです。ここを根城に世界一周旅行なんかされる方もいるかもしれません。

Q11　この生活費でやっていけますか？

一年やってみないと何とも言えませんが、お金をかければきりなしで、個人個人の長年の負担と生活の安定を考え、みんなで工夫していくことも大切ですね。

Q12　共益費とは？

共用スペースの光熱費や上下水道使用料、事務連絡用の電話代、地域交流費、その他全体の運営にかかる費用です。

Q13　生活費十三万六千円の値上げは？

まず、この生活費のうち七万円は家賃。これを差し引くと六万六千円、そのうち食材費が三万円です。食材費は物価の変動が常にあっても工夫次第なのでまあ安定してできるでしょう。

気にかかるのは家政費（人件費）の二万円です。これもやり方次第でもあり、現在の方法と契約でいけば無事通過することだと考えています。

共益費一万六千円でやれるのか、ということでしょう。二二九ページの一九九九年度共益費会計報告をみてください。固定費としてはエレベーター・防災機器とお風呂のお湯を循環させるタンクのメンテナンス、駐車料金で四〇％。残りの六〇％が光熱費・上下水道使用料や電話通信費、消耗品のほか、地域交流などなどであり、微修理、引当金までの余裕はありません。

しかし、COCO湘南が介護予防のためのプログラム検討案を自治体に提案したところ、在宅介護支援センターなどとともにCOCO湘南台支援のための予算が二〇〇〇年度に計上されたので、これからも生活者の負担を押さえていく方法を工夫していくことが大切だと思っています。

これも施設の運営と異なって、すべて生活者が主体的にいっしょに検討する課題で、会計・運営も十人の合議で行ないます。

Q14 保証人はいらないのですか？

え？ 「自立と共生の暮らし」に何で保証人が必要なのでしょうか？ 費用の保証というのであれば、ご自分で自己申告していらっしゃるし……。身元引受人とかいう意味でしょうか？ 二三八ページの申込書にもあるように、ここの申込書には何かのときに連絡してほしい人を第一・第二と記入していただいています。

ご本人の息子さんと友人の人もあれば、妹や親しい知人の人もいます。

引っ越しのときに手伝ってくださって、ご紹介いただいていますし、よく訪ねてこられみんなと食事をしたりして、親友のようです。

法的相続のことではなく、ご本人が急に病気をしたり、まさかのときに第一・第二に連絡してくださいという申告制ですから、二人でも三人でも書いていただき、書かれた方に連絡します。引き受けられた方もそのことはよくご存じです。生活者は、たいがい元気なうちに遺言書を書かれているようですよ。

Q15 費用に朝食代金が含まれていませんが

明治・大正・昭和生まれの年代と個性の空気抜きとして、朝はリビング、テラス、自室などで自由にしたいと考えました。七十年近く生活して、人それぞれの生活リズムがあります。朝五時起床の人から九時起床の人など幅が広いこと。朝食はパンがいい人、米飯の人、コーヒーだけでいい人などいろいろ。夕食の残りを調整して、朝を楽しむという考え方も持ち込めます。残りものもきれいに片づきます。

食の管理は昼と夜で充分。朝まで管理されたくないし、食材を選ぶ楽しみ、スーパーへ買い物の楽しみも失いたくないと思います。

Q16　昼、夜の食事は当番で作らず委託するのですか？

ホームによっては当番制にしているところもあります。しかし、今まで独居や二人暮らしの人が、十人＋ゲストの分などの大規模調理を毎日やれるはずがないと私は思うし、やりたくないのが本音。なけなしの時間がもったいない。

第三者に委託契約してお互いよく話しあい、献立の希望も述べながらバランスのとれた食事が必要と判断しました。そして、メニューによっては自分たちがトッピング（プラス）の得意料理を追加したら、より豊かで楽しい食事になるのではないでしょうか。

Q17　長く起きてこなかった場合は？

暮らしてみると、十人お互いのリズムがわかりますから心配していません。たとえば、夕食時に三十分以上も部屋から出てこられなかったら、ノックすることになっていて、たいてい隣同士でやっています。それに各個人に電話もありますので、電話で連絡もとれます。

Q18　一人一室ですが、夫婦の場合は？

生活の質を保つうえで、一人一室をお願いしています。

男性に聞くと「夫婦十五帖でもいいかな」などと言いますが、女性に聞くと、くすくす笑いながら「隣同士がいいわね」と小さい声で話しています。

Q19　家財や調度品を持っていきたいのですが？

自由です。

みなさん、数十年の生活歴でことのほかたくさんの家具があるでしょう。自分のものを自分で整理することから、グループリビングでの暮らしが始まるのかもしれません。グループリビングの生活はトイレやミニキッチン、クローゼットをのぞくと約六帖間二つの広さ。それに外に出られる広いテラスがあり、工夫して自分の部屋をデザインして、第三の人生をシンプルライフに送るというのはどうでしょう。「さあ、たいへん！」という顔が見え隠れしますね。

また「自分で自分の物を整理するのもいいわね」。

Q20 個室に電話を引きたいのですが？

共用のピンク電話も設置しますが、いま各人が生活で使われている電話を移転して個室に持ち込むこともできます。これで家族や友人との会話のプライバシーも守られます。

「呼び出し電話」は、いまでは管理的な施設や病院のイメージではないでしょうか。ＣＯＣＯ湘南台は、「管理される場」ではなく自立と共生の「生活の場」です。家族をマイクで呼び出したり、「お食事です」とか「お風呂です」とやってはいないのと同じことです。

Q21 ペットを連れていきたい

よくしつけてさえあれば、犬でも猫でも日常のパートナーとしていっしょにくることができます。人間と生活をともにできる動物なら大丈夫。珍しいワニとかヘビとかは別かもしれませんが。

「犬や猫の毛のアレルギーの人は無理ですね」と聞かれますが、「うーん」とうなる以外に返事のしようがありません。心理的に動物が嫌い、犬は好きだが猫は嫌い、猫は好きだが犬はいや、と犬族、猫族もいるし、また喘息などで動物の毛が鬼門だという体質的に受け付けられない人もいるのは事実だと思います。

ではＣＯＣＯ湘南の考え方はどうなのかと問われれば、自然体の生活をしたい。動物や小鳥も絶対飼ってはならぬという家は考えられません。動物が住めないグループリビングは、私自身には考えられないと思います。マンションと異なって、共用部分の生活が多いので、その共用部分の場に犬・猫は出てはいけないとは言えないでしょう。

動物や小鳥などがセラピーの役目を果たしてくれることは、すでに理解されています。

今後、療養専門のグループリビングが医療施設に付属してつくられるといいと思います。

盲導犬がご主人の目の代わりをして働き、聴導犬が聴覚障害者の耳を助けたりして、自立した生活をする人もいることも、ノーマライゼイションのやさしい街づくりをめざす私たちは理解していく必要があります。

Q22　男性がいっしょに生活していますが？

いまは一人ですが、もう一人、つまり二人くらい男性がいらっしゃるといいと思います。

Q23　生活者同士のトラブルは？

みなさん大人同士ですし、話しあえる人たちです。個人対個人以外のことはミーティングでこなします。

Q24　成功の秘訣は？

ここまでを一応成功と思うならば、これは十六人の男女・異業種間の知恵の結集だと思います。

テーマは同じでも、研究会員の年齢差もあり、同じ考え同士ではなく討論し、チームワークがとてもよくとれたことです。もちろん、この提案を信頼してくださった地主さんの功はいちばん大きく、感謝以外に言葉はありません。

あとがきにかえて

やっと原稿の脱稿した四月はＣＯＣＯ湘南台の十人十色の暮らしが始まって一年目の春であった。庭一面に草花が芽を吹き、すずめにはじまりつぐみ、椋鳥たちが立ち寄り、垣根越しに地域の方と話もはずむ。

なんといっても上機嫌になったのは、私のパートナーである犬のルル・アメリカンコッカースパニエル種・メス四歳である。

この一年間の私の生活は、外出かあるいは家にいれば「お仕事だから待っててね」と頼んでは、小さい机で書類の整理・書き物・電卓の音。はてはたくさんの電話に応えていた。「待っててね」の連発ではあるが、犬は主人を守るという本能を持っているので全身で私を守ろうとする。

私が夜の遅い仕事をしても、そのつき合いを机の下でしている。そんなとき、ルルはときおり白眼で「まだ寝ないの？」と困った顔。自分の寝床に行きたくても主人を守るという任務を捨てるわけにはいかない。そして挙げ句の果て、私の朝寝坊のつき合いもある。

この一年、私は忙しいなかでもルルの日光浴や遊び、ブラッシングはしていた。しかしルルの眼つきは「義務のようにやってくれている」という顔だ。でもいまは、本気になって楽しそうに遊んでくれる、日光浴しながらいろんな話をしてくれる主人が戻ってきたと、主人である私のゆとりを察知しているかのように、ルルも落ち着いている。

こんなやさしいかげの裏方にも励ましをもらってここまできた。

さて、しかし何といっても高齢者の暮らしへのこだわりは深くなる一方である。

連日の新聞では、介護をめぐる家族の状態がただならぬところまで迫っていることを伝えている。夫妻も親子も兄弟姉妹も我慢しあう前に、精神的に独立しあう・わかちあうための話しあいをしておくことではないだろうか。

大人になれば、何人といえども親から独立していくのが普通であり、親と別れて住んだからといって家族の絆が失せるものではない。

その実例の一つとして、ＣＯＣＯ湘南の研究会が開発した暮らしがある。今後は、この小さなコミュニティのＣＯＣＯ湘南台での、理屈抜きでありのままの姿を皆さんに発信していこうと試みているのである。

一人一人が自分の第三の人生の自由を確保して、共に生き続ける暮らしは心とからだの元気印を持続させていくのではないだろうか。生活者の知恵の深さをお互いに学習しあっていけるおもしろさもある。私たちの生活を気永く見つめてほしいと思う。

終わりにあたって、私の本のカバーと本文の絵は植田黎子さんが描いてくれた。相性のよい友人に助けられて感謝している。

限りないご助言とご協力くださった皆さまのおかげで、ＣＯＣＯ湘南の一幕は成功した。これから二幕目の長い人生の物語が続いていく。

バリアフリーグループリビングでの生活は、どのように元気に楽しく奏でていけるのか。びっくり驚くどたばたの助けあいの劇もあることだろう。また、いい旅、さよならの旅もあるだろう。そんなことも含めて春夏秋冬・四季の旅のはじまりと思っている。

そしていま、第二ＣＯＣＯの準備が始まっている。研究会員が二十五人に増えて、オブザーバーは五名で計三十名である。食、家政、介護の達人が加わったことで、幅と奥行きが広がってきて心強い。第二のグループリビング「ＣＯＣＯ遠藤」の暮らしと介護予防研究に向かって五月の風は心地よく流れている。

アンコールのカーテンコールはいつまでも響いてほしい。

二〇〇〇年五月

西條節子

バリアフリー高齢者グループリビング
【COCO湘南台】暮らしのネットワーク図

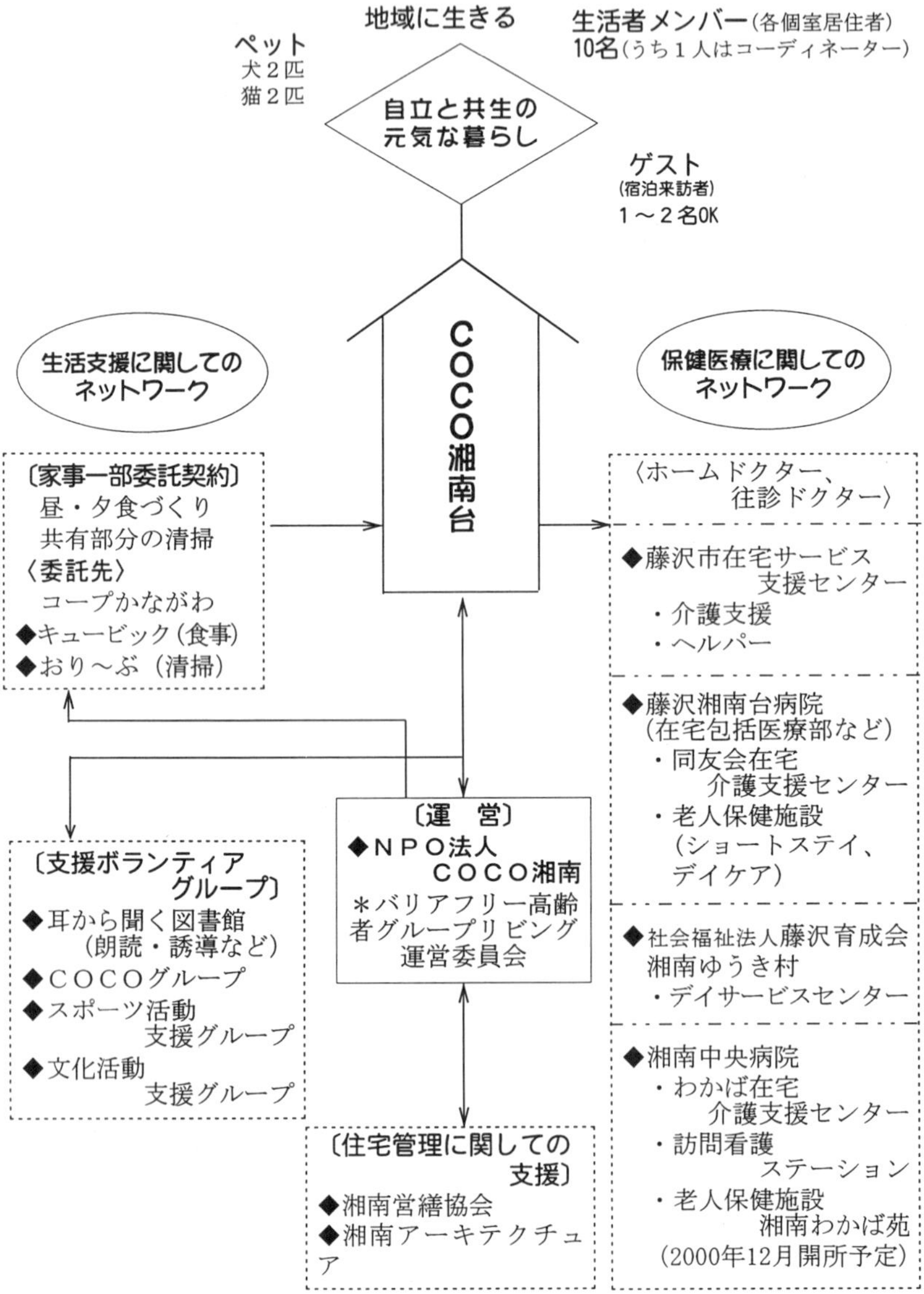
地域に生きる
ペット
犬２匹
猫２匹
生活者メンバー（各個室居住者）
10名（うち１人はコーディネーター）
自立と共生の
元気な暮らし
ゲスト
（宿泊来訪者）
１～２名OK
COCO湘南台
生活支援に関しての
ネットワーク
保健医療に関しての
ネットワーク
〔家事一部委託契約〕
昼・夕食づくり
共有部分の清掃
〈委託先〉
コープかながわ
◆キュービック（食事）
◆おり～ぶ（清掃）
〈ホームドクター、
往診ドクター〉
◆藤沢市在宅サービス
支援センター
・介護支援
・ヘルパー
◆藤沢湘南台病院
（在宅包括医療部など）
・同友会在宅
介護支援センター
・老人保健施設
（ショートステイ、
デイケア）
◆社会福祉法人藤沢育成会
湘南ゆうき村
・デイサービスセンター
◆湘南中央病院
・わかば在宅
介護支援センター
・訪問看護
ステーション
・老人保健施設
湘南わかば苑
（2000年12月開所予定）
〔運　営〕
◆ＮＰＯ法人
ＣＯＣＯ湘南
＊バリアフリー高齢
者グループリビング
運営委員会
〔支援ボランティア
グループ〕
◆耳から聞く図書館
（朗読・誘導など）
◆ＣＯＣＯグループ
◆スポーツ活動
支援グループ
◆文化活動
支援グループ
〔住宅管理に関しての
支援〕
◆湘南営繕協会
◆湘南アーキテクチュア

ＣＯＣＯ湘南台共益費会計報告（1999年４月27日～2000年３月31日）

■収入の部　（円）

共益費納入	1,920,000	@16,000円×10人×12カ月
各種売上げ	33,840	ミニバザーなど
寄　付　金	105,250	
雑　収　入	58,808	個人のコピー、ファクス代など
合　計	2,117,898	

■支出の部　（円）

	個人負担または返戻金（A）	共益費より支出額（B）	総額Ａ＋Ｂ	備考
電気料	681,525	145,129	826,654	
ＬＰガス	45,260	264,690	309,950	
上下水道	13,000	325,355	338,355	
食材費	271,650	124,299	395,949	トッピングづくりの材料、パーティ、お寿司の日
消耗品	—	63,094	63,094	
消耗備品	—	100,663	100,663	
駐車料	192,000	378,000	570,000	５月　40,000円 ６月　30,000円 ７月～翌４月 @50,000円×10カ月
電話料	710	84,298	85,008	
雑　費	50,000 (おり～ぶチケット売上げ)	420,190	470,190	管理料、ＮＨＫ受信料、ケーブルテレビ、各種保守料、レンタカー代など
合　計	1,254,145	*1,905,718	3,159,863	

残　高　212,180円

＊　今年度に限り　1,905,718円÷11カ月（５月～翌３月）＝173,000円

どんな備品を揃えたか

	新規購入品	生活者の持ち込みや寄付など
玄関	下駄箱、傘立て、スリッパ箱、ピンク電話	スリッパ、車いす
アトリエ	ソファ、オーディオ、湯沸かしポット、コーヒーメーカー、ワゴン、屑かご	事務机、椅子、電話・ファクス、コピー機
緊急防災システム	緊急通報器、消火器	
大浴室	脱衣かご、入浴・洗い場セット、ヘアドライヤー	棚、椅子２脚、ヘルスメーター
小浴室		洗濯機１台、ヘルスメーター
洗濯コーナー	洗濯機・乾燥機各２台、各自洗濯物干しキャビネット、ホワイトボード	
ゲストルーム	折りたたみ式ベッド２台	テーブル、スタンド、リネン一式
食　　堂	テーブル３台、椅子16脚、ソファ、掘りごたつ、テレビ、オーディオ	小引き出し、人形、和座布団10枚、アップライトピアノ
キッチン	ガスオーブン、レンジ、炊飯器、電子レンジ、トースター、コーヒーメーカー、食器洗浄・乾燥機、トレイ、ホワイトボード	大型冷蔵庫、食器棚、調理台、ワゴン、大・中・小鍋一式、食器一式、スプーンなど台所用品一式
備　　蓄	水および食料品３日分	井戸あり
その他	庭に置く倉庫、電気掃除機２台、ほか用具一式	農具、芝刈り機など一式

開設のさいに必要となった備品を各部屋ごとにあげてみた。個人の部屋は、カーテン、家具、電話、その他自由。共用部分については、新規に購入したものと、生活者や他の方々からいただいたものがある。

電化製品やガス器具、防災器具は、安全性の面から全部新しいものがよいと考えて備品費として計上し、購入した。

ＣＯＣＯ湘南台面積表

１階床面積　242.10㎡(73.23坪)　　２階床面積　242.10㎡(73.23坪)
延べ床面積　484.20㎡(146.46坪)　　建築面積　276.90㎡(83.76坪)

	室　名	㎡	坪	帖
１階	個室No.１～４	25.06	7.58	15.1
	個室No.５	24.78	7.49	14.9
	玄関	7.43	2.25	4.5
	アトリエ兼学習室	46.00	13.91	27.8
	トイレ(車いす対応)	5.78	1.74	3.5
	浴室(大浴場)	9.91	3.00	6.0
	脱衣室	6.03	1.82	3.6
	物入れ(ホール奥)	1.48	0.45	0.9
	ホール(ランドリー、裏玄関含む)	29.09	8.79	17.5
２階	個室No.６～９	25.06	7.58	15.1
	個室No.10	24.78	7.49	14.9
	キッチン・食堂・リビング	58.79	17.78	35.6
	ゲストルーム	9.91	3.00	6.0
	トイレ	1.65	0.50	1.0
	浴室(小浴場)	3.31	1.00	2.0
	脱衣室	3.31	1.00	2.0
	物入れ(食堂用)	1.65	0.50	1.0
	物入れ(ゲストルーム)	0.83	0.25	0.5
	物入れ(ホール奥)	1.48	0.45	0.9
	ホール	25.39	7.68	15.4
	階段(階段下物入れを含む)	8.05	2.43	4.8
	エレベーター	3.31	1.00	2.0

バリアフリー高齢者住宅研究会発行『「自立と共生」バリアフリー高齢者グループリビング暮らしの実験【ＣＯＣＯ湘南台】』より。

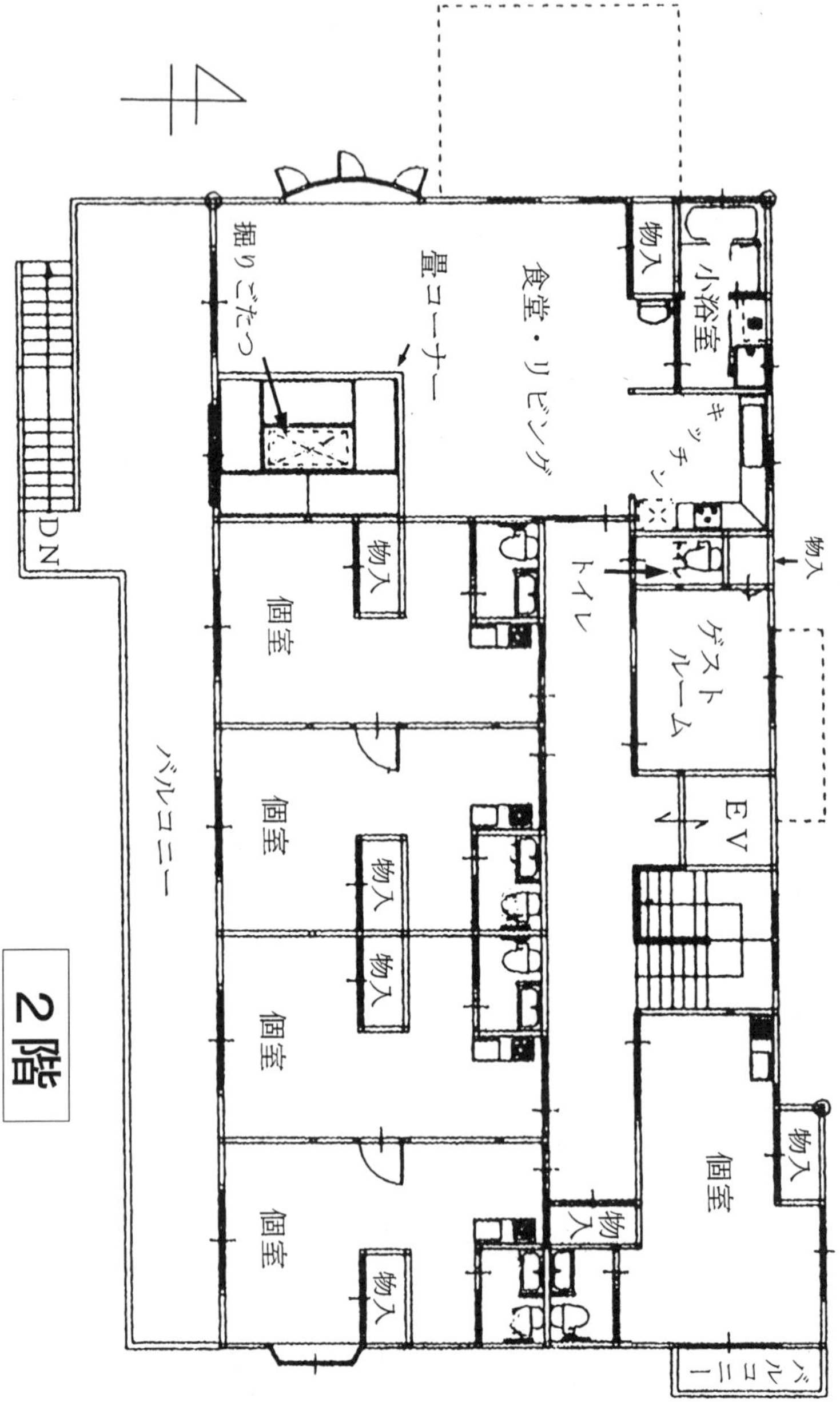
食堂・リビング
畳コーナー
掘りごたつ
小浴室
物入
キッチン
トイレ
ゲストルーム
EV
個室
個室
個室
個室
個室
物入
物入
物入
物入
物入
物入
物入
DN
バルコニー
バルコニー
2階

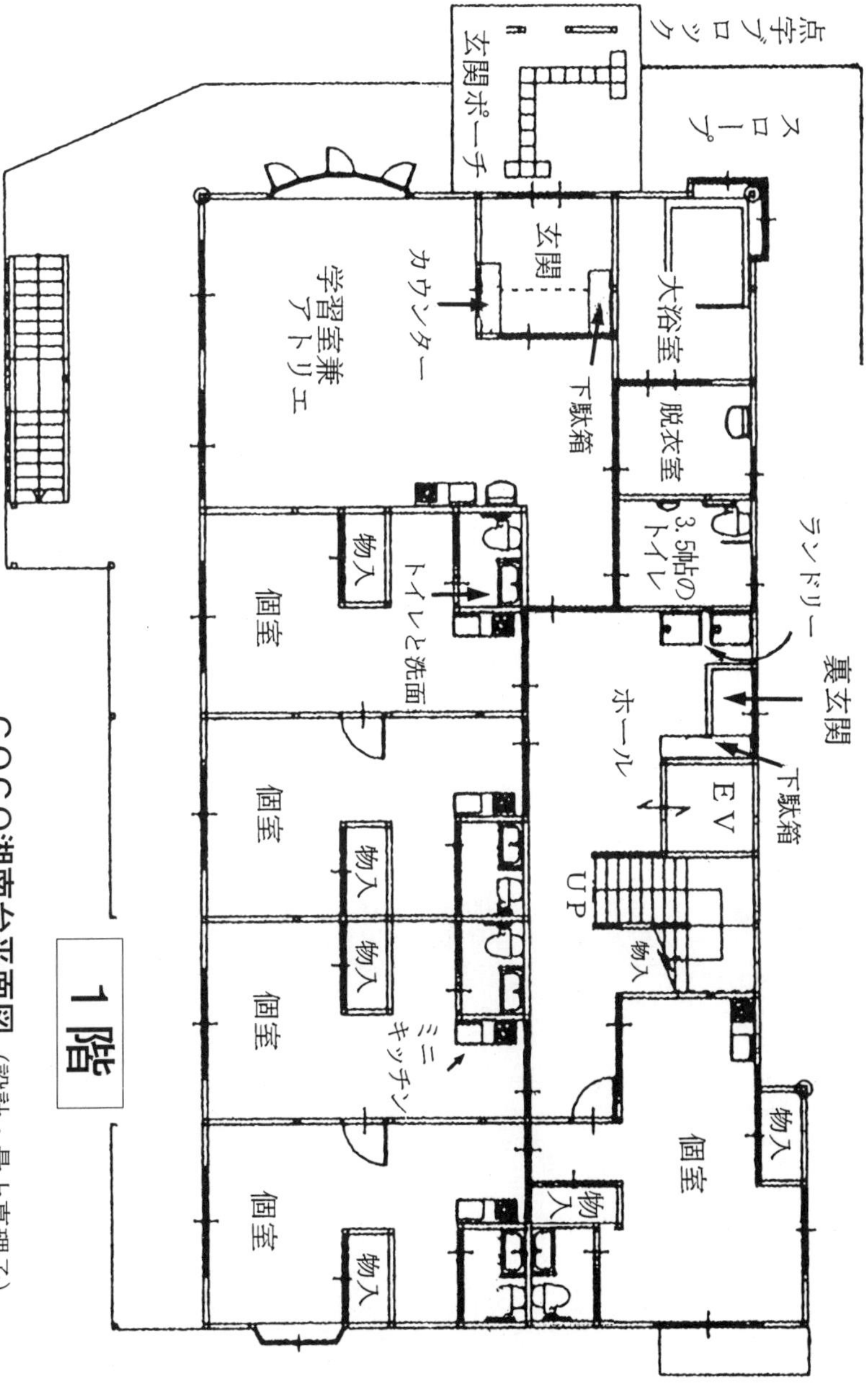

1階

COCO湘南台平面図（設計・最上真理子）

ＣＯＣＯ湘南台計画実施内容

	実　施　内　容
建物の名称	ＣＯＣＯ湘南台（民間非営利）
設置運営主体	特定非営利活動法人ＣＯＣＯ湘南
開設年月日	1999年４月11日
建設形態・構造	木造２階建て　バリアフリー住宅（借り上げ型）
併設施設	ホーム内にゲストルーム一室
生 活 形 態	生涯型…近隣の福祉医療機関とネットワークしながら地域で元気印に生きる
面　　積	敷地913㎡(276坪)、延べ床面積484.20㎡(146.46坪) 個室25.06㎡(7.58坪)、共有233.14㎡(70.7坪)
居室構成と共用空間構成	全室個室(洗面・トイレ・ミニキッチン・クローゼット) １階＝個室５、アトリエ、大浴室、トイレ、ランドリー、ホール、エレベーター ２階＝個室５、食堂、厨房、小浴室、トイレ、バルコニー、ゲストルーム
入居分担費	一人350万～400万円
生　活　費	月額一人136,000円(家賃、食費、共益費、家事契約費) 駐車料金１台月額１万円　ほか犬１匹1000円

とし、時間帯及び曜日の変更は生活者と協議してきめる。

(3)　仕事の報酬→計算の基礎となる報償費を１時間1,000円とし１回２名２時間とする。交通費は実費支給を原則とするが自家用車・自転車の場合などが考えられるので協議してきめる。

(4)　その他の経費→掃除用具（電気掃除機・モップ・ぞうきん・ゴム手袋・洗剤など）は甲の負担とし、エプロン・うわばきは乙の側で用意する。

(5)　支払い方法→甲乙合意の上、報償費及び交通費をベースに委託料を試算し、毎月末に翌月の委託料を支払う。精算の必要が生じた場合は翌月分の支払時に精算する。

４　契約以外の仕事

(1)　家事援助→個室の掃除など生活者の求めに応じて仕事をする場合は、報償費の例にならって30分単位でサービス料金をきめる。

(2)　付き添い等→甲の行うイベントへのサポート（準備作業・付き添い・介助・送迎等）については、その都度甲が必要とする人員及び時間数を乙に通知し、報償費については別途協議する。

５　その他

(1)　保険等→ボランテア保険への加入など早急に対処する。

(2)　定めの無い事柄については甲乙誠実に協議する。

[委託料の試算]

◎報償費

1,000円×２人×２時間＝4,000円

4,000円×３回×52週＝624,000円　　(A)

◎交通費

400円×２人×３回×52週＝124,800円　　(B)

(A)＋(B)=748,800円÷12ヵ月＝62,400円

上の算式により１ヵ月の委託料を精算する。

(2) 催事への協力→ＣＯＣＯ湘南台生活者を中心に開催する各種イベント（ガーデンパーティ等）にさいして甲から要請があった場合には、乙は出来る限り協力するものとする。そのさいの費用及び報償費はその都度甲乙協議してきめる。

5 その他

(1) 保険等→保険への加入及び費用負担については別途協議する。

(2) 定めの無い事柄については甲乙誠実に協議する。

［月間委託料の試算］

◎食材費

1,000円×10人×○日＝○○円 (A)

◎報償費

1,000円×１人×3.5時間×○日＝○○円 (B)

(A)＋(B)＝○○円

上の算式により１ヵ月の委託料を精算する。

（＊キュービックの食事サービスは365日無休です）

ＣＯＣＯ湘南台のメンテナンス契約の考え方

1 基本の考え

非営利の市民活動法人であるＣＯＣＯ湘南(甲)とワーカーズおり～ぶ(乙)との間で①対等平等②相互尊重③相互理解を基調に年間契約に基づいてＣＯＣＯ湘南台の建物内部のメンテナンスを行う。

2 契約期間

契約期間は１年間とし、１年毎に更改する。但し99年度については６ヵ月後に契約内容の検討を行う。

3 契約内容のポイント

(1) 仕事の範囲→個室および厨房を除く共有部分（玄関・廊下・階段、食堂・アトリエ・浴室・ＷＣ・洗濯所・エレベーター・窓など）及びそれらに付帯するスペースの掃除

(2) 仕事の時間とサイクル→午前９時30分～11時30分、１週３回（月水金）

ＣＯＣＯ湘南台の食事サービス契約の考え方

１　基本の考え

非営利の市民活動法人であるＣＯＣＯ湘南（甲）とワーカーズキュービック（乙）との間で①対等平等②相互尊重③相互理解を基調に年間契約に基づいてＣＯＣＯ湘南台生活者の食事サービスを行う。

２　契約期間

契約期間は１年間とし１年毎に更改する。但し99年度については６ヵ月後に契約内容の検討を行う。

３　契約内容のポイント

(1)　仕事の範囲→10人の生活者の昼食及び夕食について、仕込み・調理・配膳を行う。但し仕込みは和泉センターで行い、調理・配膳はＣＯＣＯ湘南台で行うものとする。なお後片付けは生活者が行う。

(2)　仕事の時間→毎日午前11時～12時30分及び午後４時30分～６時30分の２回計３時間30分を基本とし、毎月第２及び第４日曜日のみ夕食は休み（生活者が自ら行う日）とする。

(3)　費用及び報酬→計算の基礎となる食材費は、１日１人当たり１千円（昼食４百円・夕食６百円見当）とし、報償費を１時間1,000円として計算する。

(4)　その他の経費→厨房設備（電気冷蔵庫・炊飯器・その他の調理器具など）及び調味料（醤油・味噌・砂糖・塩など）並びに食器類は甲の負担とし、エプロン・うわばきは乙の側で用意する。和泉センターからの運搬費は食材費に含むものとする。

(5)　支払い方法→甲乙合意の上、食材費及び報償費をベースに委託料を試算し、毎月末に翌月の委託料を支払う。精算の必要が生じた場合は翌月分の支払時に精算する。

４　契約以外の仕事

(1)　外来者への対応→ゲストルーム宿泊者その他の外来者に食事提供の必要が生じたときは、甲は事前に乙に通知し、乙は出来る限りこれに対応するものとする。そのさいの料金及び支払い方法は別途協議してきめる。

「COCO湘南台」入居のしおり

○○○○○は××人の暮らしを×年×月から始めます。××人の共同体は楽しく話し合いながら、みなさんと生活スタイルをつくっていけるよう心から願っております。

入居のために次のような準備をお願い致します。

1. 入居申込書にプロフィールをご記入の上提出して下さい。
2. 入居費の納入
   ×年×月×日迄××万円＋××万円＝計××万円
   振込み先
3. [　　　　　　　　　　　　] 住所　〒
   TEL
   個人の電話は各自移動して下さい。
4. 住民票　　入居と同時に住民票を移動して下さい。
   部屋の鍵　　×年×月×日にお渡し致します。

入居申込書

COCO湘南
代表　　○○○○様

現住所
TEL／FAX
氏　名　　　　　　　　　　　　　　　　印

（ふりがな）　　　女・男 生活者名			生年月日　西暦　　　年 （明・大・昭）　年　月　日　歳	
現 住 所			TEL	
プロフィール（生活者の自己申告）　書きたいところを記入して下さい。				
健康について			身体障害者手帳の有無　有・無 血液型	
かかりつけ病院 主治医の有無	Dr 住所		TEL	
趣　　味				
特に記入して おきたいこと				
緊急連絡先		氏　　名	住所　　　TEL	ご関係
	1			
	2			

2. 前項の更新に当たっては、別途更新費用等の請求は行いません。

第４条（費用の負担）　乙は、以下の費用を負担します。

(1) 入居一時金　　　　××円（240回分割家賃前払い金・解消時は残金清算し返却）

(2) 生活費など　月額　　××円(家賃・食費・共益費・家事契約等)

(3) その他経費　個室部分の水道光熱費・私財にかかる火災保険等

第５条（譲渡禁止）　乙は、本件契約に係わる利用権を他に譲渡することはできません。

第６条（利用権保証）　甲は、乙の利用権を最大限に保証し、賃料その他の債務を２ヵ月以上怠る等、乙の重大な過失がない限り一方的に契約を解除することはありません。

第７条　本件契約書に定めの無い事項については、甲及び乙は誠意をもって協議し、円満に解決処理することとします。

第８条（立会人）　本件契約書を締結するに際して、甲乙合意のうえ立会人として、○○○○（以下「丙」という。)を指名します。

本件契約書を３通作成し、甲、乙、丙が記名捺印のうえ、各１通を所有するものとします。

×年×月×日

甲　ＣＯＣＯ湘南理事長　　　　印

乙　利用者　　　　印

両　立会人　　　　印

第28条（信義条項）　本件契約について疑義が生じ、あるいは定めの無い事項については、甲及び乙は関係法令並びに慣習に従い、誠意をもって協議のうえ、円満に決定処理するものとする。

第29条（立会人）　本件契約の締結にあたり、甲乙が共同で指名する立会人として〇〇〇〇〇（以下「丙」という。）を立ち会わせるものとする。

本件契約の成立を証するため、本件契約書３通を作成し、甲乙丙は記名捺印のうえ、各自１通宛保有するものとする。

×年×月×日

甲　　　　　　　　　　　　印

乙　　　　　　　　　　　　印

丙　　　　　　　　　　　　印

ＣＯＣＯ湘南台入居契約書

非営利活動法人ＣＯＣＯ湘南〇〇（以下「甲」という。）と〇〇〇〇〇（以下「乙」という。）は、「自立と共生」のための高齢者バリアフリー・グループリビングＣＯＣＯ湘南台の利用に関して以下の契約を締結します。

第１条（目的）　甲は、高齢者の「自立と共生」を支援し、高齢者の生活拠点としてのバリアフリー・グループリビングＣＯＣＯ湘南台の建物及び敷地を、乙の利用に提供します。

第２条（建物の所在地）

所在地　　×××

規　模　敷地××平方米(約××坪)

　　　　建物××平方米(約××坪)

専用部分　個室××平方米

共用部分　　××平方米(食堂・アトリエ・浴場他)

第３条（契約期間）　本契約の期間は入居可能日より20年間とし、以降甲乙協議の上、10年毎に更新するものとします。

て解約できないものとする。

2. 前項の定めにかかわらず、甲又は乙は、やむを得ない事由があるときは賃貸借期間内であっても６ヵ月前までに相手方に対して書面により通告し、相手方との合意を得て、本件契約を終了させることができる。

3. 前項の解約が乙の都合によるものであるときは、乙は甲に対して第20条の敷金及び第21条の保証金の返還残金相当額を違約金として支払うものとし、この違約金は敷金及び保証金の返還残金と相殺するものとする。

4. 第２項解約が甲の都合によるものであるときは、甲は乙に対して第20条の敷金及び第21条の保証金の返還残金相当額を違約金として支払うものとし、この違約金は敷金及び保証金の返還残金と合わせて、解約時に一括して支払うものとする。

第25条（原状回復）　本件契約が期間満了若しくは解約等により終了する場合には、甲乙協議のうえ本件契約終了日までに、期間満了又は前条３項に該当する場合は乙の費用をもって、前条４項に該当する場合は甲の費用（但し、乙が故意又は重大な過失で本件建物等を毀損した場合を除く。）をもって原状を回復するものとする。

第３章　その他の条項

第26条（賃借権の譲渡）　乙は、あらかじめ甲の承諾を得なければ、第３者にこの賃借権を譲渡してはならない。但し、やむを得ない事由により、乙が法の定めに従って他の公益法人等又は公共団体にこの権利を譲渡する場合は、この限りでない。なお、その場合にあっても甲に経済的損害を蒙らせないよう配慮するものとする。

第27条（本件建物の処分・承継）　甲が、本件建物を他に譲渡その他の処分をする場合には、敷地の一切の権利も同時に一括して同一人に譲渡等の処分をしなければならない。

2. 甲が前項の処分をしようとする場合は、事前に乙にその旨を通知するものとし、その際乙が譲り受けを希望した場合は、他に優先して乙に買い受け交渉権を与えるものとする。

3. 前項の権利を保全する必要が生じた場合、乙は売買予約契約に基づく所有権移転の仮登記をもとめることができる。

よらない火災、盗難、諸設備の故障による損害についてはその責を負わない。

第19条（保　険）　本件建物の本体については甲が付保し、乙が本件建物内に持ち込む家財等については、乙が付保するものとする。

第20条（敷　金）　乙は、甲に対し賃貸借予約完結の日に第５条に定める建築協力金の10%相当額を敷金として差し入れるものとする。

2. 前項の敷金預託は、第５条による建築協力金の一部を充当して行う。

3. 第１項の敷金は、これを無利息とし、本契約存続中継続して預託する。

第21条（保証金の預託）　乙は、第７条の予約が完結したときは、甲に対し第５条に定める建築協力金の90%相当額を保証金として預託するものとする。

2. 前項の保証金の預託は、乙が第２条により支払った手付金及び第５条による建築協力金の一部を充当して行う。

第22条（保証金の返還）　甲は、乙に対し、前条により預託された保証金を次の通り返還する。

(1) 予約完結の日より２年間据置く

(2) 前号の保証金は無利息とする

(3) 乙は、賃料支払い時期に、乙の甲に対する保証金返還請求権をその賃料と対等額をもって相殺することができる

2. 甲が、破産、和議、競売、強制執行の申し立てを受け、又は手形、小切手の不渡りなど支払い停止をしたときは、第１項の定めにかかわらず、保証金残額を即時全額乙に返還しなければならない。

3. その他保証金返還に関する必要事項は、甲乙別途協議する。

第23条（契約の解除）　乙が次のいずれかに該当することがあったときは、甲は催告その他なんらの手続きを要することなく、本件契約を解約することができる。この場合、甲は、本件契約の残存期間に相当する賃料相当額を乙に対して、損害金として賠償請求できるものとする。

(1) 賃料その他の債務を２ヵ月以上怠ったとき又は支払い遅延が数度に及んだとき

(2) 著しく信用を失墜する事実があったとき

第24条（契約期間内の解約）　本件契約は、賃貸借の期間内は原則とし

第13条（賃料の改定）　第11条の賃料は、３年毎に見直しを行う。

2. 契約期間中であっても経済情勢の変動、租税公課、諸経費その他の負担の増減、あるいは近隣建物に比較して賃料が不相当となった場合には、甲又は乙は協議の上、賃料を改定することができる。

第14条（債務延滞損害金）　乙が賃料その他の債務の支払を延滞したときは、甲は延滞金額に対して年14%（日割計算とする）の割合による損害金を請求することができる。

第15条（甲の承諾を要する行為）　乙が次の行為をするときは、あらかじめ甲の書面による承諾を得なければならない。

(1) 乙が居住上に必要のため、建物の同一性及び基本構造並びに建物の価値を害さない範囲で本件建物の一部改造若しくは模様替えをし、又は造作するとき

(2) 電気、給排水、衛生、冷暖房、空調、ガス、電話等の新増設、改造をするとき

(3) 出入口扉の鍵を取り替えるとき

(4) その他原状を変更しようとするとき

第16条（修繕費の負担区分）　本件建物に関し、自然の破損、耐用年数経過による建物主要構造部（土台、柱、壁、屋根等）及び付帯設備の修繕費は甲が負担する。

2. 本件建物内の壁、天井、床等に関する修繕は、原則として乙の負担で行うものとする。

3. 乙は本件建物につき修繕を要する箇所又は災害防止のための措置すべき箇所を発見したときは、速やかに甲に通知しなければならない。

第17条（損害の賠償）　乙又はその代理人、使用人、請負人、その他関係者の故意又は過失により本件建物、設備、敷地、甲所有の造作若しくは共用部分におよぼした損害は、乙において一切の賠償をしなければならない。

第18条（免　責）　天災、事変その他甲の責に帰することができない事由により乙の蒙った損害に対しては、甲はその責を負わない。

2. 甲は、甲が行う保守点検、修理、又は改造等の諸工事により生じる本件建物の使用停止、諸サービスの不足等による損害及び故意又は重大な過失に

その後の期間更新についても同様とする。

第９条（建物使用の目的）　本件契約における建物の使用目的は、高齢者『ふれあい型』グループリビングとしての個室及び食堂、アトリエ、浴室、ビジタールーム及びその付属施設とする。

第10条（使用上の特則）　甲は、本件建物が高齢者『ふれあい型』グループリビングという特性から、入居者及びビジターの入退居、周辺高齢者との交流など柔軟に対応することが求められることを了解し、乙に対して以下の措置がとれるよう配慮するものとする。

(1)敷地内に駐車スペースを設けること

(2)敷地内に花壇・菜園を設けること

(3)入居者及びビジターに給食を行うこと

(4)周辺高齢者をふくむ生涯学習のカリキュラムを行うこと

(5)その他入居者の福利厚生に必要と認められること

2.乙は、前項各号に掲げる事項を行うに当たっては、あらかじめ甲に計画内容を提示して甲の了解を得るよう努める。

第11条（賃　料）　本件建物の賃料は月額金××円(駐車場利用料を含む)とし、乙は、本件建物の引き渡しを受けてこの予約を完結した日から、毎月末日に翌月分を、甲の指定する銀行口座へ振込送金にて支払う。振込手数料は乙の負担とする。

2. １ヵ月に満たない期間の賃料については、１ヵ月を30日として日割り計算による。

3.賃料は、本件建物を使用する一括の対価であって、第１条３項の敷地の空地を適宜利用することを含むものである。

第12条（諸費用の負担）　乙は次の諸費用を負担するものとする。

(1)乙の本件建物の使用に関連して生ずる冷暖房費、空調費、廃棄物処理費及び電気、ガス、上下水道の料金

(2)清掃、手入れの費用

(3)照明器具の管球の取り替えに要する費用

(4)町内会費

(5)その他乙の負担に属すべき料金、費用

しあって建築完成をはかるものとし、以下の通り合意した。

(1) 甲は、本件建物の建築に必要な設計、施工及び工事監督等のための請負業者の選定、監督、行政手続き等につき、乙と適時に協議した上で行うものとする。

(2) 本件建物の構造・規模・床面積・外観・設備・使用材料・工事方法その他の工事の請負に関する具体的細目事項は、乙の仕様によるものとする。

第５条（建築協力）　乙は、甲への建築協力として、次の通り本件建物建設のための融資を行う。

(1) 本件建物の建築費について甲は総額金××円を予定する。

乙は、甲の建築に協力し本件建物の建築費について、建築協力金××円を融資するものとする。

(2) 融資時期については、別途甲乙で協議するが、遅くとも平成×年×月末日までに執行するものとする。

第６条（予約完成の不能）　本件予約が甲乙いずれの責に帰さない予期せぬ事由により、『ふれあい型』グループリビングの建築が不可能になった場合は、甲は前条により融資された建築協力金（第２条により支払われた手付金を含む。）を直ちに乙に返還するものとする。

第７条（賃貸借予約の完成）　甲及び乙は、本件建物が完成し、全館使用が可能になった時は、以下の各号を満たすことを確認した上、遅滞なく予約を完結（平成×年×月×日を予定）することとする。

(1) 本件敷地並びに本件建物の所有権の完全性が確保されていること

(2) 何人も占有しない紛議のない状態で本件建物の引き渡しが行われること

(3) 乙が建築協力金の全額を融資したこと

第２章　賃貸借条項

第８条（賃貸借期間）　賃貸借期間は、前条の予約が完結された日（入居可能日）より向こう20年間とする。

2. 甲又は乙が期間満了の12ヵ月前までに各相手方に対し、何らの意思表示をしないときは、本件契約は同一条件をもって10年間更新されるものとする。

建物等賃貸借予約契約書（モデル）

賃貸人○○○○（以下「甲」という。）と貸借人○○○○（以下「乙」という。）とは、高齢者の社会参加と社会貢献に寄与するために、相協力して「自立と共生」を基礎にした新しいバリアフリー住宅（以下「本件建物」という。）を建築し、甲はグループリビングとして乙に賃貸することとし、ここに建物等賃貸借予約契約（以下「本件契約」という。）を締結する。

第１章　予約条項

第１条（本件契約の目的物）　甲は、甲の所有する第３項の土地上に、甲乙の緊密な連携のもとに以下の内容で本件建物を建設することに合意し、乙に賃貸することを約し、乙は本件建物の建築に協力することを約諾するとともに本件建物を貸借することを予約した。

2. 本件建物の建築規模（予定）は次の通りとする。

構造　木造２階建

用途　『ふれあい型』グループリビング及びこれに附随する用途

延床面積　××平方㍍　施工面積　××平方㍍

3. 本件契約に関し乙が利用できる土地は、次の敷地（以下「本件敷地」という。）の範囲とする。

甲所有地　××平方㍍

第２条（手付金）　乙は本件契約の成立を証するため、手付金として金××万円也を本日支払い、甲はこれを受領した。

2. 前項の手付金は無利息とし、解約手付けとしての性格を有せず、乙から甲に差し入れる第５条の建築協力金の一部に充当する。

第３条（完全な権利の保証）　甲は、本件敷地について公用徴集等の負担及び賃借権等の設定のない完全な所有権を確保し、建物を完成し、これを乙に引き渡して対抗力を取得させるまでは、本件建物の完全な所有権を保持し、乙の建物使用に支障を生じないよう完全な借家権を設定する。

第４条（建築についての取り決め）　甲乙は、本件建物が『ふれあい型』グループリビングとして最もよく機能することを目指し、相互の意見を尊重

98年３月に制定された特定非営利活動促進法にもとづく非営利の法人として法人格を取得します。　以　上

「ＣＯＣＯ湘南」の会員

ＣＯＣＯ湘南は特定非営利活動促進法（ＮＰＯ法）にもとづく非営利の市民活動法人です。

ＣＯＣＯとは、地域(Community) 協同(Cooperative) を意味し、『自立と共生』が合言葉です。

高齢社会を迎えるにあたって、高齢者のためのバリアフリー・グループリビングやミニデイケア、高齢者の地域活動センター等を設置・運営するとともに、世代をこえた交流と、学習の場を通じで、元気印の高齢者を応援し、人と自然に優しい、明るく住みよい地域社会づくりに貢献することを目的に活動する組織です。

運営資金は、会員の年会費と寄付金、チャリティーバザーやチャリティーコンサートといった事業収入、施設や講座などの利用収入等でまかなわれますが、なんといっても多くの心ある皆さんの会費が支えになります。

会員は、正会員（法人の社員）と賛同会員（サポーター）の２種類あります。正会員は年１回開かれる総会に出席し、運営に参加します。

〈正会員〉

個人入会金　 5,000円　年会費１口5,000円

団体入会金　10,000円　年会費１口5,000円

〈賛助会員〉

賛助会員は機関紙を通じて情報を受け取るとともに、各種事業に協力します。

団体年会費　１口5,000円　　個人年会費　１口2,000円

会員の皆様へ

・「ＣＯＣＯ湘南」のニュースをお届けします。

・学習会、イベントに参加出来ます。

・ゲストルーム宿泊費１泊２食4,000円となります。

加入者全員が一定の資金を出して法人のメンバーになるとともに、この法人が地域社会にむけて行う福祉、生涯学習、まちづくり等の事業の利用者になります。運営にあたっては、だれもが意見を言い、事を決める際には一人一票制の参加型民主主義を守ります。

[2] 私たちの組織は

加入者全員が参加する「総会」が最高の決議機関です。この総会で年間の事業報告・決算報告・事業計画・予算案の承認と役員選出を行います。日常の仕事は役員と事務局が分担して支障の無いようにすすめます。

[3] 私たちの事業は

地域で活動するさまざまな団体・グループの協力を得て

①健康な高齢者が共同生活する「グループリビング」を建設し、運営管理します。

②加入者の誰もが気楽に利用できる「たまりば」（地域活動センター）をつくります。

③助けが必要なひとのためにホームヘルパーを用意します。

④食事の宅配（給食サービス）をします。

⑤お買い物・観劇などお出掛けの介助サービスをします。

⑥みんなで利用する「農場（ゴールドファーム）」をつくります。

[4] 私たちの財政は

この組織と事業は、あくまでも入会金と会費を負担するメンバーみんなのものですから、施設や備品は会費その他の資金で賄うとしても、利用に当たって必要な経費は、それぞれ利用した人があらかじめみんなで決めた利用料を支払うことで成り立ちます。また、みんなのために働く人達の人件費も利用料の中に含まれます。勿論高齢者が集まって運営する事業ですから、利用料は支払い可能な範囲で納得の行くものになるはずです。

[5] 加入者の対象と資格は

とりあえず藤沢市内及び隣接地域（鎌倉市・茅ヶ崎市・寒川町・綾瀬市・大和市・横浜市泉区・同戸塚区）に在住している人は、国籍・性別を問わず誰でも加入することができます。また、脱退も自由です。

[6] 法人格の取得は

【巻 末 資 料】

ＣＯＣＯ湘南設立趣意書

時代の流れが高齢化・国際化・情報化・ソフト化をキィワードとして大きく変化していると言われはじめてからおおよそ20年になろうとしています。

95年の阪神・淡路大震災のテレビ映像を見て「情報化」のすすみ具合と大切さは多くの人に理解されたでしょうし、93〜94年のコメ騒動、最近の価格破壊という名の輸入品ディスカウントの動きから「国際化」を実感した人も多いに違いありません。企業がぞくぞくと海外に生産拠点を移した結果、国内に産業の空洞化が広がり、企業活動の重点が生産部門からサービス部門に移って来ていることも折に触れて伝えられ、経済の「サービス化」がすすんでいることが知られます。

そうした中であらためて「高齢化」の問題が人々の心をとらえています。

戦後五十年を越えたいま、戦中戦後の苦境をのりこえ、世界に誇る高度経済成長を成し遂げた世代が高齢期にいたって、現状に不満を持ち将来に不安を抱いて暮らさなければならないことに納得が行かないのです。

高齢者福祉は「まったなし」の解決を急ぐ問題です。高齢者に必要な医療・住宅・食生活を社会が保障しなければなりません。片隅で生きて行くのではなく、人生の先輩として胸を張って心豊かに過ごすことのできる生活が保障されなければなりません。人間としての誇りをもち続けるためには、生き甲斐、働き甲斐、社会に参加し社会に役立っている喜びが伴わなければならないでしょう。

そこで私たちは『自立と共生』を合言葉に、社会参加の意欲も能力もある高年齢者を中心に、新しいタイプの、おそらくはこれまで日本のどこにもつくられたことのない地域共同体を設立し、共に生きる心豊かな地域社会づくりに貢献して行きたいと思います。

[1]　私たちのＣＯＣＯ湘南とは

〈筆者略歴〉

西條節子（さいじょう・せつこ）

現在ＣＯＣＯ湘南台の生活者でありコーディネーター。

1928年長崎県生まれ。神奈川県立藤沢高校教諭をへて藤沢市議会議員６期24年を務める。知的障がい（児）者の親たちとともに藤沢に福祉の輪を広げ、社会福祉法人藤沢育成会へ。元、同会理事長。

著書『福祉の食卓—旅に学び、旅に遊ぶ』みづき書房、1999年、『住みなれたまちで 家で終わりたい 在宅ターミナルケアのある暮らし—続・高齢者グループリビング［ＣＯＣＯ湘南台］』生活思想社、2007年、『小さな波から家族への賛歌—福祉の食卓パートⅡ 藤沢育成会は』瑞木書房、2008年、『あなたの人生を盛り上げる 加齢（華麗）に認め印』生活思想社、2011年

カバー・本文イラスト＊植田黎子（うえだ・れいこ）

カバーの木と小鳥の絵はＣＯＣＯ湘南台の生活を表しています。木はコーディネーター、小鳥９羽は生活者。また本文のイラストはＣＯＣＯ湘南台での生活のひとこまをスケッチしました。

◆特定非営利活動法人ＣＯＣＯ湘南　連絡先

〒252-0804　神奈川県藤沢市湘南台７-32-２
電話　0466-46-4976　　FAX　0466-42-5767
E-mail　coco-shonan@jcom.home.ne.jp

10人10色の虹のマーチ
高齢者グループリビング［ＣＯＣＯ湘南台］

2000年８月10日　第１刷発行
2013年１月15日　第４刷発行

著　者　西　條　節　子

発行者　五十嵐美那子
発行所　生活思想社
〒162-0825 東京都新宿区神楽坂2-19　銀鈴会館506号
電話・FAX　03-5261-5931
郵便振替　00180-3-23122

印刷・製本　平河工業社

ISBN978-4-916112-09-5 C0036

http://homepage3.nifty.com/seikatusiso/